完美胎教40周

鲁艳明◎主编

父母用最纯洁的感情深深地爱着自己的孩子，他们把所有的爱全心全意地放在小宝宝身上。正是这种爱，才能让胎宝宝在妈妈腹中健康地成长，也正是因为这种爱，胎宝宝与妈妈间有了一种很深的联系，这样就有了胎教……

辽宁科学技术出版社

沈　阳

世界上没有不爱自己孩子的父母，父母用最纯洁的感情深深地爱着自己的孩子，他们把所有的爱全心全意地放在小宝宝身上。正是这种爱，才能让胎宝宝在妈妈腹中健康地成长，也正是因为这种爱，胎宝宝与妈妈之间有了一种很深的联系，这样就有了胎教。

胎教是为了什么？其实是为了培养一个健康、聪明、活泼、可爱的宝宝。胎教不仅对胎宝宝的生理发育有着很深的影响，而且对宝宝今后的智商、情商发育也起到翻天覆地的变化。在孕期的280天里，孕妈妈天天都与宝宝在一起，陪伴宝宝从葡萄子大小到一个能大声啼哭的小婴儿，每天孕妈妈都在与胎宝宝分享生命的神奇，以及初为人母的感动，孕妈妈可以每天为胎宝宝读一首诗，唱一支歌，玩一个快乐的游戏；追忆美好的往事，憧憬幸福的未来……让胎宝宝每天都在快乐地成长。

本书让孕妈妈们不再为了"如何胎教"、"怎样胎教才有效果"这样的问题而困惑。用最生动活泼的语言来进行深入讲解，对孕期女性进行最贴心的全程关怀。

我们希望你能快乐，也希望胎宝宝能健康成长，这是我们共同的目标，让我们高举这个目标，一起迎接天使的到来。

编　者

2012.6

Directory

1

Directory

目录

3

谨慎的4月（13~16周）：真实地感受他

动听的5月（17～20周）：聆听天使的召唤

悄悄的6月（21～24周）：越长大越快乐

跳动的7月（25～28周）：每一天都精彩

快乐的8月（29～32周）：一切在爱中延续

期待的9月（33~36周）：守住信念，守住胜利

幸福的10月（37～40周）：感悟生命的奇迹

第1周 小宝贝，你在哪

从现在起，
你是不是正在计划要一个baby？
十月怀胎的第一周，
生活添了神奇色彩，
生命多了特殊符号。
这到底是怎样的日子？
小宝贝，你又在哪里呢？

神秘的1月（1~4周）：初为人母人父

时钟滴答滴答地响着，日历一页一页地翻过，当你的脚步停留在这个月份，你或即将成为幸福的妈妈，他或即将成为快乐的爸爸。牵起手来，一起期待天使的降临，共享生命的神奇吧！

◎ 胎儿的变化

- 精子与卵子结 的7~12天内，会附在子宫内膜上成长，这时的受精卵称为胚芽。
- 胚芽发育到第3周，长0.5~1.0厘米，体重不到1克，但肉眼已能看出外形。
- 胚胎外表分头部和身体，并且长有鳃弓和尾巴，和其他动物的胚胎发育并无两样。
- 心脏在第2周末成形，第3周末起开始搏动，与母体相连的胎盘和脐带也从这个时候开始发育。
- 怀孕1个月时，可以看清胚芽的血液循环系统、大脑和脊髓神经系统的器官原形。

◎ 母体的变化

- 怀孕2周前，孕妈妈不会有明显的异常反应。也有的会出现发热、浑身乏力、嗜睡等类似感冒的症状；怀孕2周后，孕妈妈才会逐渐出现怀孕迹象。
- 子宫与未怀孕时没有太大差别，与鸡蛋大小类似，微软；乳房没有明显变化。

爱在起点，赢在未来

从今天开始，你的生活会有很多精彩的安排：一曲轻快的旋律、一篇暖暖的美文、一套柔美的体操……这样的日子是不是盼望已久了？亲爱的，这一切都是上天对你的恩赐与宠爱！张开双臂尽情地迎接她吧！

◎ 胎教：让爱从此起飞

孕育生命是一段奇妙的旅程，而胎教给这段奇妙之旅更添了几分惊喜。根据孕妈妈和胎宝宝的变化，从饮食营养、心理状态、日常起居等各个方面采取有针对性的胎教方案，这样不但能保证胎宝宝身心健康地正常发育，让你拥有一个健康聪明的宝宝，还能确保孕妈妈安全、顺利、快乐地度过"十月怀胎"的每一天，这不仅仅是胎教的奇妙之处，更是传递父母之爱的起点。

◎ 你快乐，宝宝就快乐

从现在开始，你一定是怀着爱与期待的心情迎接宝宝的到来。要想让奇妙的种子在你的体内开花结果，自然也离不开精心的浇灌，而你和身边人的快乐情绪就有此神奇的力量。当你的一颦一笑、一举一动流露出愉悦之情时，你的身心将是最适合宝宝成长的环境。在这 40 周里，你经历的不只是一次奇妙的胎教之旅，更是一次对生活的幸福体验。

胎教早知道

从现在起，孕妈妈的一言一行、一举一动都会给胎宝宝带来深远的影响，要想孕育健康聪明的宝宝，生活中的所有细节都不应该忽视。

胎教情报站：胎教，一个古老的科学传奇

胎教并非现代医学发展的产物，古人早就对胎教提出过不少详尽准确的思想，而且无论是中国还是外国。

◎ 古人胎教的智慧

"胎教"一词最早出现在汉朝，关于胎教，古人认为，"胎借母气以生，呼吸相通，喜怒相应，若有所逆，即致子疾。""除恼怒，凡受胎后切不可打骂人，盖气调则胎安，气逆则胎病。"这些胎教思想都在告诉我们一个道理，孕妈妈的喜、怒、悲、思会对胎宝宝健康产生各种有利或不利的影响。同时，古代胎教还认为，孕妇太逸，则气滞；太劳，则气衰。若劳逸失宜，举止无常，攀高负重，其胎必坠，甚至导致难产。这就是说，孕妈妈要保持心情舒畅，同时还要起居劳逸适度。

胎教早知道

"胎教的目的并非是为了生一个天才儿童，而是希望孩子今后的人生可以过得更加幸福和有意义。"这就是《斯瑟蒂克胎教法》贯穿始终的一种胎教理念。

◎ 神奇的斯瑟蒂克胎教

美国斯瑟蒂克夫妇先后培养了4个智商高达160以上的天才儿童，并且均被列入了仅占全美5%的高智商人士的行列，这堪称是一项奇迹。因此，他们所采用的胎教方法已被命名为"斯瑟蒂克胎教法"，是迄今为止全球最为成功、精彩的一种胎教方法。下面，我们就来一起体验一下斯瑟蒂克胎教法的神奇之处。

● 给胎儿播放旋律优美、节奏明快的音乐或歌曲，将幸福与爱的感觉传递给胎儿；当然，准父母也可以选择自己哼唱给胎儿听。

● 无论准父母在做什么或是想什么，都要随时和胎儿交谈。

● 经常给胎儿讲故事，注意故事要讲得富有感情，不单调乏味。

● 多出外散步，并将所见所闻变成有趣的话题，细致地描绘给胎儿听，以增长胎儿的见识。

● 巧妙地利用形象语言来教导胎儿，例如对胎儿说1+1=2时，不妨说妈妈有一个苹果，如果爸爸给我一个苹果，那么，我就有了两个苹果；再如认识A这个英文字母时，可以对胎儿说A好像是一顶高尖的帽子。

温馨叮咛：计划受孕——胎教成功的前奏曲

　　胎教并不是在怀孕之后才进行，而是从制订怀孕计划时就已开始，有计划地受孕才是成功胎教之本。所以怀孕前，夫妻双方就要作一个周详的"孕"计划，包括计划怀孕日期、接受健康检查、制订饮食方案、积极锻炼身体、适时调整心态等，只有安排好这些，才能保障夫妻双方在一个精力旺盛、思维敏捷、体力充沛的情况下受孕，才更有利于孕育出一个健康、聪明的宝宝。

　　饮食方案根据医生建议制订即可，计划怀孕日期可以自行根据人体生物节律（也称人体三节律，俗称人体生物钟）来确定。正常情况下，体力、情绪、智力三节律的周期变化规律，即反映出了精力、思维、体力三方面的强弱。有研究表明，选择高峰期受孕，并通过科学的胎教，有利于增加优生的几率。当然，人体生物节律也受外界因素的影响并发生相应变化，所以并非三节律都要在高峰期受孕才行，只要综合夫妻双方来看，且各自的平均值处在相对较高的位置就可以了。

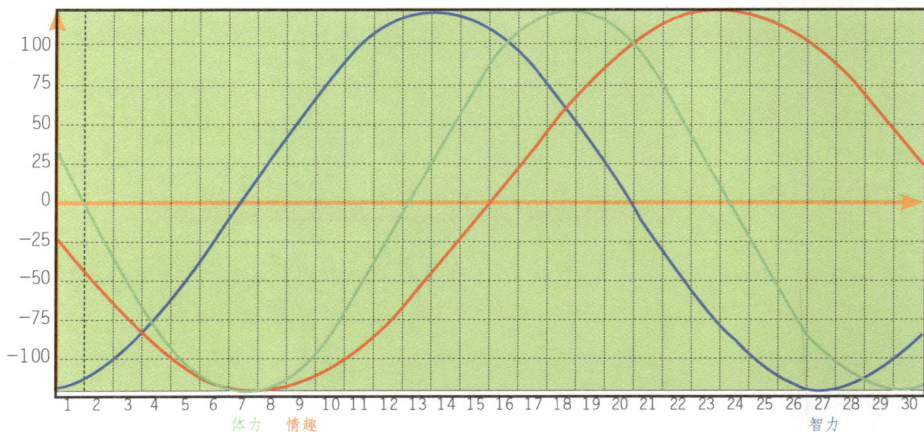

　　三节律可以大概判断出人体何时会处于高潮期，从而增加优生的几率。计算方法是：（测定年－出生年）×365＋闰年数－（1月1日至生日天数）＋（1月1日至测定天数）；所得天数即是经历总天数，再分别除以23天、28天、33天，所得余数即是你的体力、情绪、智力三个节律情况。

环境胎教：为胎宝宝创造良好的生长空间

胎教只有在一个良好的环境中进行才能达到好的效果，这就需要孕妈妈和准爸爸共同努力，创造出一个适合胎宝宝的良好环境。

胎教早知道

假如搬进新装修的房子，建议一年之内不要怀孕，以免影响胎宝宝的发育成长。

◎ 优境胎教——胎教的重要条件

优境胎教就是要为胎宝宝营造一个内、外都很好的生活环境。内部环境就是孕妈妈的身体构成，如心理背景，孕妈妈的精神状况；生物化学环境，如孕妈妈的营养状况、药物反应、伴随情绪波动产生的内分泌激素；物理环境，如心脏搏动、姿势变换、胃肠蠕动。外部环境就是孕妈妈生活的环境，也包括准爸爸的影响。因此，孕妈妈只有做到内、外环境都好，胎宝宝才能健康成长。

◎ 营造好环境，让宝宝健康成长

孕妈妈要为宝宝营造一个内外都很好的生活环境，让宝宝能够愉快地成长，这样才能达到良好的胎教效果。

● 孕妈妈应培养乐观、健康、自信的心态，学会处理孕期生活与工作之间的关系，戒除烟酒，让自己尽量保持放松、愉快的状态。

● 工作中要避免接触放射线、噪声、烟尘、铅污染等环境；居住环境也要保持干净明亮、勤开窗通风。

● 孕妈妈要特别重视预防感冒和各种感染，一旦被病毒感染极易引起胎儿畸形，同时，用药服药也要遵从医嘱。

完美营养：营养补充以早为妙

可能你早就下决心等有了宝宝一定要坚持胎教，那么即将成为孕妈妈的你是否知道营养胎教呢？其实给宝宝足够的营养才是最重要的胎教呢。

◎ 小宝宝最想要的营养

从现在开始，孕妈妈就要开始为小家伙储备营养了，那么你知道他最需要哪些吗？告诉你吧。

优质蛋白：蛋白质是细胞的重要组成部分，当然也是小宝宝成长必不可少的营养，为此你可以多吃瘦肉、鸡肉、鸭肉、鱼肉、鸡蛋、豆制品、牛奶等。

维生素：维生素是维持机体正常功能所必需的营养素，也是胎儿生长发育必不可少的元素，多吃些新鲜的瓜果蔬菜就可以了。

微量元素：一些人体必需的微量元素，如果摄取不足，常会对胎儿发育造成不良影响，尤其是钙、磷、铁、碘等，而牛奶、鸡蛋、动物肝脏、水产品、坚果等则最合适不过了。

◎ 孕妈妈要记得补叶酸

对于孕妈妈来说，合理及时地补充叶酸非常重要，因为叶酸是胚胎发育最初阶段必需的营养素之一，不仅可以减少胎儿神经管畸形的发病率，更可以避免无脊柱胎儿的发生。一般来说，孕妈妈每天补充叶酸量在 800 微克左右就够了，如果过多也会增加神经损害，那就适得其反了。另外，富含叶酸的食物主要有菠菜、山药、萝卜、南瓜、苹果、香瓜、豆类、鸡肉、牛肉、鱼肉、奶类等。

胎教早知道

孕妈妈体质不同对营养需求也不一样，营养状况正常者在孕前 3~6 个月开始饮食调理即可；过于瘦弱的孕妈妈应提前 1 年开始调理；而身体肥胖者在保证蛋白质、维生素、矿物质及微量元素的情况下，则应限制含脂肪和糖类过高的食物。

◎ 好"孕"私房菜

核桃仁纸包鸡——香脆酥软，唇齿留香

材料：鸡肉 500 克，糯米纸 24 张，核桃仁 60 克，鸡蛋 2 个，盐、麻油、花生油、白糖、胡椒面、淀粉、姜、葱各适量。

做法：鸡肉去皮，切 1 毫米厚的薄片；核桃仁用开水泡去皮，用花生油炸熟，切小粒；葱、姜切成细末；鸡蛋去蛋黄，留蛋清；鸡片用盐、麻油、白糖、胡椒面、葱姜末、核桃仁末、鸡蛋清拌匀；取糯米纸一张放在桌上，放上鸡片，包成一个长方形的纸包，蘸淀粉以防纸包松开；花生油烧至五成热，把糯米纸包好的纸包鸡下锅炸至纸呈金黄色即可，捞出放入盘中即成。

菠菜拌猪肝——清新爽口，富含铁质

材料：猪肝 250 克，油菜 100 克，醋、白砂糖、酱油、盐、味精、大蒜、八角、花椒、葱、姜各适量。

做法：猪肝洗净，在底部切几道小口，清水加适量盐、八角、花椒、葱、姜和猪肝慢火煮开，打去浮沫捞出，关火，冲净重新入锅。重复几次直至熟透，晾凉后切成薄片，置于盘中；油菜叶用开水焯透，切成长条；将大蒜捣成泥；焯好的油菜叶和猪肝放在碗里，再放入剩余调料，拌匀即成。

第2周 等待一个好时机

等待了这么长的时间，
那个奇迹般的生命就要来临，
此时的你也许更多了一份小小的迷惑和不安
——究竟哪一天更好呢？

胎教情报站：认识精子与卵子

一个健康可爱的宝宝正是源于高质量的精子和卵子，有趣的是，精子是人体最小的细胞，而卵子却是人体最大的细胞。还有很多关于精子和卵子的秘密，我们一一来揭秘吧。

◎ 可爱的精子

男性到了青春期，睾丸便拥有了延续不断的生精能力。成年人睾丸重10~20克，而平均每克睾丸组织每天就可以产生约1千万个精子。这些精子是在睾丸的几百万条曲细精管内产生的，曲细精管生精上皮的精原细胞经过多次分裂，最后成熟为精子。一般来说，男性到了40岁之后，生精能力逐渐减弱，但随着生活水平和人体健康水平的不断提高，有些男性到了60~70岁甚至个别人到了90岁还具有生精能力。

◎ 美丽的卵子

卵子是由女性卵巢生卵上皮的原始卵母细胞发育成熟而成。原始卵母细胞和它周围的一层颗粒细胞构成一个原始卵泡，原始卵泡在胎儿时期多达200万个，但是出生后大部分退化，到青春期时只剩下约3万个或甚至更少。女性进入青春期后，每一个规律的月经周期都会排出一个成熟卵子，直到绝经。女性一生约排出400个卵子，最多也不会超过500个。虽然近年发现了初潮提前、绝经延迟、妇女的生育年龄增宽的现象，但多数妇女还是在50岁以前绝经，超过55岁的人不多。

胎教早知道

一个优质的卵子可以为生育一个健康聪明的宝宝打下良好的基础，所以，X射线、荧光屏射线等都要注意躲避，否则很可能对卵子不利。

完美营养：白开水——孕期最佳饮料

白开水是孕妈妈最佳的饮料，它能很好地让体内的营养物质得到充分的溶解与吸收，当然也是对胎宝宝的最好的健康胎教了。

◎ 白开水——孕期养生"高手"

白开水是人体健康不可或缺的养分，对孕妈妈更不例外。研究发现，煮沸后自然冷却的白开水不仅能更好地消化食物、传送养分、保持人体各个关节和内脏器官的湿润、调节人体温度，还能增加血液中血红蛋白含量，增强孕妈妈的抗病能力。可是，孕妈妈一旦缺水，人体器官功能很可能就会"罢工"，反而不利于胎宝宝的健康成长。

◎ 培养健康的饮水习惯

孕妈妈在喝水的时候是很有讲究的，并不是想怎么喝就怎么喝，只有养成良好习惯，才能喝出健康的宝宝。

● 孕妈妈不要喝久煮和没有烧开的白开水，也不能喝太凉的白开水。

● 要喝温开水，不喝过凉的水。

● 起床后先喝一杯白开水，再去做其他事情。

● 餐前宜空腹喝水，不要饭后马上喝水。

● 不要等到口渴才喝水。

● 运动后不宜一次性快速大量喝水，应该歇一会儿再喝水。

● 不要喝咖啡、浓茶、碳酸饮料。

胎教早知道

孕妈妈对体内水的更新比较慢，需要 5~10 天，如果长期喝质量差的水，就等于你长期处于恶性循环状态。

11

情绪胎教：良好心态是最好的胎教方式

在孕初期，孕妈妈心态的好坏直接影响着胎宝宝的发育。因此，调节好孕妈妈的孕期情绪，就显得很重要了。

◎ 心情愉悦是胎教的关键

怀孕初期是胚胎进行分化的关键时期，孕妈妈心情的好坏可以通过胎盘直接影响胎宝宝的发育，如胎儿出生后的外表、生理功能、智力、情绪及行为等。而且人在轻松、愉悦的氛围中，学东西会格外快，这一道理对胎宝宝也同样适用。因此，为了使胎宝宝的身心发育更健康，孕妈妈一定要注意心态的调整，免除不良心态对胎儿的影响。

◎ 心态调整三部曲

为了孕育一个健康、聪明的宝宝，孕妈妈应学会摆脱不良心态的困扰，让自己时时沉浸在快乐的海洋里。下面三部曲可以帮您天天都有一个阳光灿烂的心态。

● 第一部曲：孕妈妈要加强自身修养，心情不好的时候不妨听一听优美的音乐，多看美好的风景和图片，多读一些文字优美的散文，心情自然就好了。

● 第二部曲：孕妈妈要养成良好的生活习惯，睡个香甜的美觉，搭配营养可口的美食，约上三五知己喝杯下午茶都不失为调适心情的一种方式。

● 第三部曲：怀胎十月，最离不开准爸爸的关心与照料，这样才能使孕妈妈愉快地度过孕期，并使宝宝得到良好的胎教。

胎教早知道　当孕妈妈感觉心情愉悦时，一定要抓住这个胎教的最佳时机，把自己的所见、所闻与所想尽情地跟胎宝宝分享吧。

运动进行时："动"出健康胎宝宝

俗话说，生命在于运动。对孕妈妈来说，只有根据自身情况，选择并安排合理的运动，才能生出一个健康、聪明的宝宝。

☺ 慢运动——孕初期的最佳选择

在怀孕初期，适当的运动可以促进孕妈妈的血液循环，提高血液中的含氧量，消除身体疲劳与不适，保持心情舒畅，还能刺激胎儿大脑、感觉器官、平衡器官以及呼吸系统的发育。不过，为了胎宝宝的安全，孕妈妈的运动方式也要有所选择，像散步、伸展操、骑脚踏车、简单的慢舞等就很合适，而快跑、跳跃等震动力很大的运动则不太适合。

☺ 本月运动要领

● 为了起到运动效果，孕妈妈最好在晨起或晚饭后在空气清新、花草茂盛的地方做运动。而且每一次运动时间不宜超过15分钟，条件许可的话最好能有人陪伴，这样才能更有利于孕妈妈和胎儿的身体健康。

胎教早知道

孕妈妈在运动期间，如果发现阴道流出水样物或是有出血症状，同时小肚子也有疼痛反应，切不可马虎大意，要及时去医院接受正规检查。

音乐之旅：如何给胎宝宝听音乐

音乐不仅可以让孕妈妈的情绪得到缓解，而且对胎宝宝的健康成长也是有很大帮助的——可以增加孩子的直觉、灵感和悟性。

◎ 感受音乐的魅力

音乐对促进孕妈妈和胎儿的身心健康有着很深的影响，这种影响是通过心理作用和生理作用来实现的。美妙怡人的音乐可以刺激孕妇和胎儿的听觉神经器官，促使母体分泌出一些有益于健康的激素，使胎儿健康发育。美妙的音乐还能改善孕妈妈的不良情绪，产生美好心境，并把这种信息传递给胎宝宝，这些信息都是非常益于胎宝宝健康的。

◎ 音乐胎教的四种方法

● 胎宝宝听音乐法：将音乐通过耳机播放，然后将耳机放在腹部，让胎宝宝听，注意时间不要太长，以感觉舒适为度。

● 孕妈妈哼唱法：每天哼唱你和胎宝宝喜欢的歌曲，抒情的或者欢愉的都可以，只要你怀有一颗愉快的心就行，胎宝宝一定会满意的。

● 教胎宝宝唱歌法：孕妈妈可以在哼唱的基础

上，想象着再给胎宝宝教这首歌。

● 孕妈妈的音乐熏陶法：孕妈妈可以欣赏一些优美的音乐，然后把你的感受通过神经再传给胎宝宝。

胎教早知道

孕妈妈在选择音乐的时候要注意，应该听一些节奏柔和舒缓的轻音乐，像节奏起伏比较大的交响乐，特别是摇滚乐、迪斯科舞曲等刺激性较强的音乐，都不适合孕妈妈听。

温馨叮咛：孕期胎教要领早知道

孕期随着胎宝宝的生长发育，一般分为早、中、晚，针对每个时期的发育状况，胎教内容也是有所不同。

◎ 孕早期的胎教重点

● 孕妇要多听一些轻松愉快、诙谐逗趣的音乐，使孕妈妈精神愉快、心情舒畅，进而促进胎宝宝的发育。

● 孕妇要忌烟、酒，不乱吃药，不接触有害物质，因为胎宝宝这个时期对致畸因素是比较敏感的，此外，孕吐反应可能引起营养不良，因此，孕妈妈要平衡饮食，不要偏食、忌食。

◎ 孕中期的胎教重点

● 触觉胎教：胎动出现时，就可以进行触觉胎教，可以用手轻轻地抚摸腹部，或是和胎宝宝玩轻拍游戏。

● 听觉胎教：有意识地对胎宝宝进行听觉训练，如和胎宝宝聊天、打招呼、播放胎宝宝喜欢的乐曲、讲故事……

● 嗅觉胎教：胎宝宝已经形成了向大脑传达味觉的器官，孕妈妈可以闻一些让自己心情愉快的味道，胎宝宝能闻到共同呼吸的孕妈妈的味道。

◎ 孕晚期的胎教重点

● 光敏感训练。随着各种器官的发育，当光源经孕妇腹壁照射胎儿头部时，胎儿头部可转向光照方向，并出现胎心率的改变，定时、定量的光照刺激是这个时期的胎教内容之一。

● 坚持各种训练。怀孕晚期，孕妇常常动作笨拙、行动不便，应当继续坚持以往的胎教内容。

第3周 精子与卵子的幸福约会

精子和卵子只有邂逅在合适的地点、
合适的时间，
才能有受精卵的出现，
如果没有它们的幸福约会，
一切只能是一场空。

胎教情报站：培育优质的精子与卵子

　　精子和卵子是怀孕的关键，因而，为了孕育一个健康、聪明的宝宝，更离不开优良的精子和卵子。所以，为了幼苗的茁壮成长，现在就要提前做好培育优质精子和卵子的准备哦。

◎ 让精子更"精"

　　精子的数量和质量是优生的关键因素之一，而睾丸中精子的存活时间为 2 个多月，如果没有射精，精子会逐渐老化并被身体吸收。因此，如果计划受孕，准爸爸应在妻子排卵前 1 周，将老化的精子排出，这样可以让最富生命力的精子游向子宫与卵子结合。而且为了练就优质精子，还要养成健康的生活方式。比如，多吃含锌丰富的食物，如花生、小米、萝卜、白菜、牡蛎、牛肉、鸡肝、蛋、羊肉、猪肉等；不泡热水澡、不洗桑拿浴；不穿紧身衣裤；坚持裸睡；放弃吸烟、饮酒、熬夜等不良嗜好。

◎ 卵子同样也有竞争

　　健康成熟的女性每月都会有一个卵细胞发育成熟，并准备与精子会合。在这个月的前半月，有近 20 个卵子在卵泡内开始成熟，而其中只有一个卵泡最先成熟，并释放出它的卵子，其他卵泡及其里面的卵子则萎缩死亡。而且，排出后的卵子存活时间仅有 48 ~ 72 小时，在这段时间内，如果没能与精子结合，也会自然死亡。因此，卵子质量的好坏也是相当重要的。

胎教早知道

　　为了提高卵子质量，孕育优秀宝宝，建议女性在适当年龄怀孕，并注意保持健康体重，学会自我调节，饮食均衡规律，并改掉吸烟、酗酒等不良嗜好。

情绪胎教：开始记"胎教日记"啦

十月怀胎，有一项不可缺少的安排就是记"胎教日记"。在这里，你可以记下孕育胎宝宝的点滴感受、记下生活中快乐的回忆、记下对未来宝宝的无限憧憬……

◎ 胎教日记——妈妈对宝宝的爱

胎教日记是孕妈妈对胎宝宝"爱"的记录，也是胎宝宝成长之路上的一份"珍贵史料"。日记是个抒发感情的好地方，孕妈妈可以把对胎宝宝的爱，用自己的语言一点一滴地写在日记本中，每当心情不好的时候，拿出来看看，你会发现，自己的心情一下子变得快乐好多，而且对胎宝宝的爱也越来深了。

◎ 胎教日记怎么记

胎教日记没有固定的内容和形式，只要记下自己的心情感受、孕期点滴生活就可以，如孕妈妈为胎宝宝成长所做的胎教内容、准父母的生活行动、胎宝宝的反应、天气以及自己的心情等都是日记中很好的内容，你也可以根据你自己的习惯进行记录，有的妈妈喜欢用文字记录，还有的妈妈是用图片记录的。我们在这为孕妈妈介绍几种常见的记录形式。

● 表格形式。做一张表格，在上面记上怀孕的时间以及每天发生的事，如饮食、对宝宝说的话、让宝宝听的音乐、孕检备忘录等。

● 学生日记形式。孕妈妈也可以像学生写日记那样，每天都在记录，有某年某月某日，星期几，天气如何，然后记录当天的事情。

● 记流水账形式。孕妈妈也可以像过电影一样，按时间的顺序，把当天的事情记录下来。

胎教早知道

如果你已经决定记录胎教日记，那么一定要坚持下来，不要半途而废哦。

悦读时间：寻觅文字里的美景

　　有人说："读一本好书，就像是与一位精神高尚的人在谈话。"而对于孕妈妈来说，陶醉书海、寻觅字里行间的美景，不但可以陶冶情操、熏陶腹中的宝宝，更能让十月怀胎多些别样的"孕"味。

◎ 悦读，让你与胎儿零距离接触

　　孕妈妈在进行阅读的时候，很容易产生敏捷的思维和丰富的联想。很多医学家发现，孕妈妈的这种思维和联想可以在体内产生一种神经递质，可以让胎宝宝的神经向着优化方向发展，这种神经递质是通过血液循环进入胎盘，从而传递给胎儿，然后在胎宝宝的生长中分布到胎儿的大脑及全身，在这种环境中长大的孩子智力发育较完善。因此，孕妈妈一定要多阅读有益的书刊，这就犹如为子宫中的胎儿增加了营养，让其能够健康地成长发育。

◎ 怎样选一本好书

　　阅读好的书籍对于孕妈妈及胎儿双方的身心健康都是大有裨益的。孕妈妈在选择图书的时候，可以是伟大人物的传记，优美的抒情散文，鼓励人向上的世界名著，精美的画册，著名山水和名胜古迹的游记，有趣的童话故事和童谣，也可以是有关胎教、家教、育婴等方面的书刊。

悦读的艺术

　　孕妈妈尽量不要看充满打斗、暴力、忧郁情绪等内容的书籍，这对胎儿发育很不利。

温馨叮咛：不要把怀孕征兆当感冒症状

在怀孕前期，你是否发现自己的身体突然出现了某些异常，这些异常情况很可能是在提醒你——怀孕了。因此，及早捕捉怀孕信息就成了你的当务之急。

◎ 留意类似感冒症状的情况

在怀孕早期，孕妈妈多数情况下不会有非常强烈的变化。但是，有的孕妈妈会出现类似"感冒"的症状，而且是在没有任何原因的情况下，就容易体温升高、头痛、发烧、精神疲乏，尤其是有的时候，还会莫名其妙地发冷、脸色发黄。如果孕妈妈出现类似情况，千万不必多虑，过几天这些症状便会自行消失。不过，需要提醒的是，孕妈妈千万不能按感冒来服药治疗，以免影响胎儿的健康发育。

◎ 及早捕捉怀孕信息

在怀孕前期，除了以上类似感冒的症状外，如果孕妈妈身体出现下面几种情况，也要提高警惕，千万不可大意。

● 月经停止。月经停止是女性怀孕前的征兆之一，如果月经超过10天没有来，一般怀孕的可能性比较大。

● 乳房变化。如果你发现乳头颜色变深，乳房突然肿胀起来，而且轻轻触碰还会有疼痛感，一旦出现这些信息都要格外留心。

● 四肢乏力、嗜睡、精力不集中；而且有尿频、头痛、体温偏高或是偏低等情况，这些皆因怀孕时身体分泌出的激素引起，需要格外引起注意。

胎教早知道

如果孕妈妈容易恶心、呕吐，就连平时喜欢吃的食物也不再爱吃了，很有可能是怀孕的早期信号。

运动进行时：提高胎教效果的呼吸法

呼吸法，就是通过呼吸快速集中孕妈妈的注意力，以便专心地去做某件事，这样能大大提高胎教的效果。

◎ 呼吸，让你的精力更集中

胎教必须让孕妈妈集中注意力，通过自己的感官把所要教的东西变成信息传递给胎宝宝，才能达到胎教效果，可是很多孕妈妈在进行胎教的时候都不能很好地稳定自己的情绪。呼吸法就可以让孕妈妈避免这种尴尬，在胎教开始时，孕妈妈可以先做几个深呼吸，然后再开始练习，这种方法对于稳定情绪和集中注意力都是很有效的。

◎ 呼吸法怎么做

呼吸法不受时间、地点的限制，练习也非常容易，对孕妈妈的身心调适也是大有裨益的。具体操作时，需要注意下面这些要点。

● 孕妈妈采取仰卧、静坐、站立的姿势。

● 用鼻腔缓慢而细长地吸气和呼气，要连续地进行。

● 孕妈妈要把注意力放在吸入、呼出的动作，要始终保持对这呼吸的警觉。

● 孕妈妈在进行呼吸的时候要能感觉到腹壁和肋骨下部向外推出，胸部只有些微移动。

● 呼吸法每天练习 3~5 次，时间以 3~5 分钟为最佳。

胎教早知道

孕妈妈在刚开始练习呼吸法时，最好找一个安静的环境练习，这样效果会更好。

爱之手语（1）：我爱小宝贝！

虽然现在的胎宝宝还没有成形，但他仍然是一个有感觉的鲜活的生命。一句轻轻的"我爱小宝贝"，就可以让他深深地体会到爸爸和妈妈对他的无限爱意。

◎ 用手语表达你对宝宝的爱

手语是一种国际通用的语言，它是通过用手势做动作，根据手势的变化模拟形象或者音节构成的一定意思或词语，它是听力障碍的人互相交际和交流思想的一种手的语言。在胎宝宝还没出生的时候，妈妈就用这种手语与宝宝交流，可以让妈妈的那份爱通过手上的动作传递给宝宝，让他在这份爱中健康地成长。另外，胎宝宝很早就接触这种语言，以后他的智商要比其他宝宝会高一些。

我：一手食指指自己。

爱：用一只手抚摸另一只手的拇指指背，表示一种"怜爱"的感情。

小：一只手拇指捏住小指指尖。

宝贝：
1. 右手虚握，然后甩腕，五指张开，掌心要向下。
2. 左手伸出拇指，手背向外。
3. 右手轻拍几下左手背。

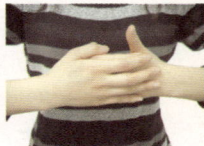

① ②

爱之手语

孕妈妈在用手语与宝宝交谈时，心中也要默念，这样才能起到很好的效果。

第4周 小种子正在悄悄发芽

当一个小小的受精卵开始在子宫安营扎寨，
当那个小种子悄悄发芽，
你是否清楚这一切到底是怎么回事？
你是否做好准备了呢？

音乐之旅：童谣《摇篮曲》

孕妈妈知道了音乐对胎宝宝的好处，每天就应该抽出点儿时间，听听好的音乐，今天，我们为孕妈妈安排了童谣《摇篮曲》。

◎ 蕴藏真挚爱意的《摇篮曲》

这首摇篮曲洋溢着温暖安详的情绪，表现了母亲对孩子那份真挚的爱意。作者是勃拉姆斯，他的这首曲子是为了祝贺法贝尔夫人第二个孩子的出生所做的。法贝尔夫人是维也纳著名的歌唱家。摇篮曲是人类最原始的儿歌，世界各地都用不同的形式演奏着这首摇篮曲，它最大的特点在于旋律平稳，避免过大的起伏，音域大都在五度音之内。

听|的|艺|术

当孕妈妈晚上情绪不好时可以听听这首摇篮曲，能帮助孕妈妈在祥和平稳、规律恬静的乐声中获得宁静，在最安稳的状态下进入梦乡。在接下来的几个月里，孕妈妈都可以听这首曲子，甚至可以让这首曲子一直伴随着他。在安静的夜晚，孕妈妈聆听着这温柔的旋律，轻轻摸着自己的肚皮，可以让腹中的宝宝也感受着静静的夜晚，妈妈对他那份炙热的爱。

联想胎教：运用想象力为宝宝画像

　　当你每天不经意间勾勒着腹中胎儿的模样,有意无意地想起他(或她)日后会像你还是像爸爸时，你可知道，你竟然不知不觉中给宝宝做了一次联想胎教？

◎ 关于联想胎教

　　联想胎教就是孕妇通过想象美好的事物，使自身处于一种美好的意境中，然后再把这种美好的情绪和体验传递给胎儿，进而对胎儿形成有利的影响。早已有实例证明，由于胎儿意识的存在，孕妇自身的言语、感情、行为以及联想内容均能影响胎儿，"干预"一直会持续到出生后，因此，孕妇联想内容的优劣十分重要。

◎ 想象你的小宝贝

　　从胎教的角度来看，孕妈妈的想象非同小可，它能通过意念构成胎教的重要因素，转化渗透在胎儿的身心感受之中。所以，你完全可以强化"我的孩子应该是这样的"愿望，你可以想象孩子应具有什么样的面貌，什么样的性格，什么样的气质等，或者常常看一些自己所喜欢的儿童画和照片。你也可以仔细观察自己和准爸爸，取其长处进行综合，在头脑中形成一个清晰的印象，并反复进行描绘，然后以"就是这样一个孩子"的坚定信念在心底默默地呼唤，使之与腹内的胎儿同化。久而久之，你所希望和想象的东西就潜移默化地变成了胎教，并为胎儿所接受。

胎教早知道

　　联想对胎儿具有一定的"干预"作用，美好内容的联想无疑会对胎儿产生美的熏陶，内容不佳的联想则会起到反面作用。所以在实施联想胎教时，一定要想那些美好的事物。

25

描绘一下心中的宝宝（孕1月）

第一个月过去了，妈妈对宝宝的来到既充满了喜悦，又充满了兴奋，我们可以在这里，用自己的方式，描绘一下你心中的宝宝。

在这里
写下你最想对宝宝说的悄悄话；
贴上自己喜欢的明星宝宝照片；
或者试着画一个你心目中的宝宝。

本月准爸爸课堂

准爸爸参与胎教能让妈妈心情更加愉悦，胎儿也能感受到愉快的心情，使得胎儿日后成为一个快乐的孩子，因此，准爸爸在胎教中所扮演的角色是非常重要的。

◎ 神奇的爸爸胎教

准爸爸参与到胎教中，所起到的效果更显著，在孕期，如果准爸爸能和孕妈妈一起胎教，孕妈妈会感觉到自己受重视和疼爱，胎宝宝也会感受到这份愉悦的心情；准爸爸还可以丰富孕妈妈的孕期生活，如一起散步，不但胎教氛围会充满爱意，更生动有效，而且还可建立宝宝日后对父亲的信任感。在这样的环境中，胎宝宝一定能成为一个既健康又聪明的孩子。

◎ 这些胎教方式夫妻合作效果更好

1. 对话胎教。孕妈妈和准爸爸应该坚持每天和胎宝宝讲话，有助于胎宝宝的智力发育，而且还能加深与宝宝的感情。

2. 情绪胎教。孕妈妈的情绪就是胎宝宝生长的养料，为了能让胎宝宝很好地成长，夫妻双方都应该做出共同的努力。

3. 抚摸胎教。抚摸胎教是促进胎宝宝智力发育、加深感情联系的最有效的方法，孕妈妈和准爸爸应该一起进行，这样效果会更好。

胎教早知道

胎宝宝对男生低频率的声音比对女生高频率的声音还敏感，所以，准爸爸一定要抓住这个机会，多跟胎宝宝聊天。

欣喜的2月（5~8周）：欢迎你，小宝贝！

到了这个月，胃口的不适开始伴随你，情绪的不稳定困扰着你，千万不要责怪你的小宝宝，因为他正在用他自己的语言告诉你，"我已经来到了你身边……"所以，作为妈妈的你，更要温柔地说一声："欢迎你，小宝贝！"

◎ 胎儿的变化

● 胎宝宝已经形成人的样子了，但是宝宝的大头和身体很不成比例，他的手和脚看起来像小短桨一样，小尾巴依然存在，就是短了一些。

● 宝宝的脸也基本形成了，眼睛就像一个明显的黑点，鼻孔大开着，耳朵有些凹陷。

● 现在你还听不到胎心音，但是胚胎的心脏已经划分成左心房和右心室，并开始有规律地跳动，每分钟大约跳150下，比你心跳要快2倍。

● 在这个月，胎宝宝会有他的第一个动作，可惜你感觉不到。

◎ 母体的变化

● 从这个月开始，孕妈妈就会感到胸部胀痛、乳房增大变软、腰腹部酸胀、尿频；

● 子宫也开始增大，大小如鹅蛋，小腹这时候还看不出有什么变化；

● 身体也开始变得慵懒，总觉得自己睡不够，家务就更不喜欢做了，只喜欢静静地待在家里；

● 孕妈妈的胃口这时也变得不太好了，有恶心的感觉，有时候不仅是在早晨，整个一天孕妈妈都会随时呕吐；

● 情绪也变得越来越不好，动不动就会生气，有时还会很烦躁。

胎教早知道

从现在开始直至分娩，孕妈妈会感到胃部不适，有烧灼感，出现"心口窝"痛。

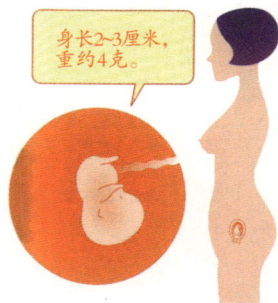

身长2~3厘米，重约4克。

第5周 就像一个 "小海马"

不知不觉竟然已经走进了孕2月，
此时的小胚胎也发生了很大的变化，
虽然还只有苹果子那么大，
但是外形看上去很像一只小海马，
真是可爱极了。

情绪胎教：静心，与自己在一起

虽然你和宝宝的神经系统没有直接的联系，但你知道吗？你与他之间却有着血液物质及内分泌的交流，当你的情绪变化时，就会引起某些化学物质的变化，自然就会影响胎宝宝了。

◎ 孕2月的好心情

这一段时间，是胚胎腭部发育的关键时期，如果孕妈妈长期情绪过度不安或焦虑，就有可能会导致胚胎的发育异常和新生儿腭裂或唇裂。所以，即使孕期反应再厉害，即使工作和家庭再不顺心，孕妈妈也要保持平和、宁静、愉快和充满爱的心理，因为这是保证宝宝健康的基础。

◎ 调适心情的好方法

既然孕妈妈知道好心情和坏心情对胎宝宝的影响，那么当然要保持平静的心绪了。为此，孕妈妈闲暇时可以看看书、听听音乐、散散步，或是和准爸爸聊天都不失为一种调适心情的好方法。尤其是和准爸爸聊天，不仅可以让自己和胎儿都感受到浓浓的家的爱意，也会让自己所有的不快都找到合适的出口。

胎教早知道

调查发现，很多唇腭裂的婴儿，其母体在孕前期都感冒过，所以这也是导致唇腭裂的重要因素之一。这就是说，孕妈妈在孕期一定要谨防感冒。

运动进行时：散步——孕早期的最佳运动

自从怀了宝宝，很多孕妈妈马上进入全程"戒备"状态，就连钟情的运动都推掉。其实，掌握科学的运动之道，照样能随心所欲地"孕"动起来。

◎ 散步，散出健康好宝宝

怀孕头3个月里，由于胚胎正处于发育阶段，特别是胎盘和母体子宫壁的连接还不紧密，很可能由于动作的不当使子宫受到震动，使胎盘脱落而造成流产。尽量选择慢一些的运动，散步就是这个时期最好的运动方式之一，散步可以促进孕妈妈体内的新陈代谢，提高自身机体的免疫力，同时还可增加胎宝宝的血氧，有利于优生。另外，散步还可以促进睡眠，帮助食物的消化、吸收，还能健身防病。

◎ 不可忽视的散步要领

● 散步时间最好在清晨和晚饭后半小时。

● 散步宜在花草茂盛、绿树成荫的公园和熟悉的乡间小路。

● 散步前要先找好线路，避开车多、人多、不平的线路。

● 散步时中感到有些不舒服时，应当找一个安全、干净的地方稍事休息一下，补充一下水分。

● 散步的时间不宜过长，以身体能接受为宜，每天保证15～20分钟的散步时间就足够了。

胎教早知道

孕妈妈散步的距离可以根据自己的身体状况来调整，以不觉劳累为宜。散步时注意速度，不要走得太急，以免对身体震动太大或造成疲劳。

悦读时间：与胎宝宝一起读诗歌

平缓优美、节奏感强且能让人产生美好联想的诗歌也是孕期胎教的必选项目，与胎宝宝一起诵读诗歌对胎宝宝的健康成长也是大有裨益的。

◎ 诗歌也是一种语言胎教

语言胎教除了讲故事、唱歌、和胎宝宝说话外，诗歌也是一种不可缺少的语言胎教。孕妈妈在怀孕期间应该多读一些优美的诗歌。科学研究发现，如果父母经常给胎宝宝读一些优美的诗歌，能够促进宝宝出生以后的语言及智力方面的良好发育。若是能带着感情去诵读诗歌，更能从听觉上给胎儿带来不同的刺激与体验。

◎ 诵读诗歌三要领

要领一：孕妈妈要坚持每天都给胎宝宝读诗歌，不能半途而废。

要领二：孕妈妈要带感情地去读诗歌，还要变换不同的节奏、语气、语速、语感等。

要领三：孕妈妈在读诗歌地同时，还要用心去体验诗歌里的意境或者是去体验诗人当时的情怀。

胎教早知道

孕妈妈在读诗歌时声音以自己能听见为标准，不要太大声音。

聪明妈妈教出聪明宝宝：孕妈咪爱思考，小宝宝脑子好

怀孕后，很多孕妈妈都有这样一个特性，那就是容易发懒，什么都不愿想，什么也不想干，周围人也觉得随她去好了。其实，这正是胎教的一大忌。为了增强胎教效果，妈妈可要改改自己的行为习惯哦。

◎ 胎儿的感知力忽视不得

胎宝宝出生之前就具有极其强烈的感知力，能够感知、整合大量资讯，这一能力甚至比我们所知的还要强。因此，孕妈妈与胎宝宝之间是可以进行信息传递的。同样，胎宝宝也能感知到孕妈妈的思想，也就是说，如果孕妈妈总能保持旺盛的求知欲和好学心，充分调动自己的思维活动，便可使胎宝宝不断接受刺激，这对促进其大脑神经和细胞的发育是非常有益的。反之，如果孕妈妈懒于思考、懒于学习，胎宝宝也会深受感染，变得懒惰起来，这对胎宝宝大脑发育是极为不利的。

◎ 做个爱思考的孕妈妈

为了使胎教更有效果，为了让胎宝宝受到良好的教育，孕妈妈要拥有浓厚的生活情趣，把自己所看、所听、所想通过各种途径传递给胎宝宝。在工作中，孕妈妈也要积极进取、勤于动脑、勇于探索，充分利用胎宝宝各种感觉特征，自觉地提供有益的熏陶和教育，这对胎宝宝身心健康的发育会有潜移默化的影响。

胎宝宝出生前，他的神经系统和各种感觉器官已经趋于完善，能够对母体内外的各种刺激作出反应。

胎教早知道

温馨叮咛：睡一个好觉

充足的睡眠不但是孕妈妈身体健康的保证，也是胎宝宝成长发育的关键，因此，孕妈妈一定要让充足的睡眠伴随你的整个孕期。

◎ 睡出来的健康胎宝宝

为了给胎宝宝创造一个良好的环境，孕妈妈一定要保证睡眠质量。当孕妈妈处于睡眠状态，脑部的脑下垂体就会分泌出生长激素，这种生长激素就是为了胎儿成长而分泌的，是胎儿成长不可缺少的物质，也是促进胎宝宝健康生长发育的重要物质。所以，孕妈妈一定要保证高质量的睡眠。

◎ 香甜入梦四原则

● 保证每天的充足睡眠时间，最少8～9小时，每日午间最少也能保证1～2小时的睡眠时间。

● 睡觉前不要吃大量的东西，以免引起胃部不适。

● 睡觉前不要做剧烈的运动，也不要看太过刺激的电视。

● 如果孕妈妈在睡觉前出现恶心、呕吐现象，可以少量地吃点儿饼干。

胎教早知道

孕妈妈睡前不宜长时间看电视，尤其不宜看情节紧张、场面惊险的节目，否则不利于胎宝宝的健康发育。

第6周 心脏跳动了

在这一周，
小家伙的心脏开始
有规律地自主跳动和供血了，
虽然常人看起来是件稀松平常的事情，
但是在孕妈咪眼里却是那么的令人兴奋。
所以，
伴随着宝宝的心跳，
孕妈咪也要继续加油啊！

完美营养：补碘很重要

在这个月里，胎宝宝又有了新的需求，就是碘。为了生育一个健康的孩子，在怀孕期间注意补碘，就是一件十分重要和必要的大事。

◎"碘"出宝宝高智商

碘对胎宝宝的发育至关重要，如果孕妈妈碘缺乏，就会导致胎儿甲状腺素合成不足，使大脑皮质中主管语言、听觉和智力的部分组织不能得到完全分化和发育，这样孩子出生后就会出现不同程度的缺陷，如聋哑、痴呆、身材矮小、智力低下……所以，这个时期的孕妈妈一定要注意补碘，多喝牛奶，坚持吃碘盐，还可以科学补充含碘丰富的食物，如海带、紫菜、海鱼以及其他海产品。

◎ 好"孕"私房菜

凉拌海带丝

材料：干海带、胡萝卜丝、尖椒丝、香菜末、蒜泥、花椒油、香油、盐、糖、醋各适量。

做法：把干海带放蒸锅里蒸 30~40 分钟，取出后用清水浸泡 2~3 小时，洗净后切丝；沸水加适量醋、烫煮海带丝 5 分钟后，泡在凉水里；捞出海带丝，加入胡萝卜丝、尖椒丝等及调味料拌匀即可。

海带炖排骨

材料：排骨 1000 克，干海带 150 克，葱、姜、香菜、盐、料酒、生抽、味精、香油各适量。

做法：排骨切块洗净，用沸水焯一下；海带用温水泡软切片或选用厚实海带切段打结；葱切段、姜切片；锅内放水，下入焯过水的排骨、海带、葱段、姜片，与调料、水一同炖至酥烂脱骨，撒上香菜、香油即可。

温馨叮咛：准备去产检

怀孕后，产检就是孕妈妈在孕期必须要做的一件事情，重视产检就是给你的十月怀胎加了一道"防护墙"。那么，产检时间怎样安排才算合理呢？

◎ 孕早期产检（受精卵至第 12 周）

产检时间：每月产检一次。

产检描述：主要核实怀孕情况，并初步了解胚胎。

必需检查：妇科检查、血常规、尿常规、身高、体重、梅毒筛查、B 超检查。

◎ 孕中期产检（第 13 周至第 27 周）

产检时间：13~16 周进行初查；16 周后每月产检一次。

产检描述：主要了解胎儿生长发育情况，排查畸形儿（即唐氏综合征）和孕妈妈的特殊疾病。

必需检查：宫高、腹围、胎心、血压、血常规、尿常规、心电图、B 超等。

◎ 孕晚期产检（第 28 周至第 40 周）

产检时间：36 周前，每 2 周产检一次；37 周起，每周产检一次。

产检描述：主要是监测胎儿和孕妇情况及对临产前的评估。

必需检查：宫高、腹围、水肿检查、胎心、体重、血压、血常规、尿常规、心电图、骨盆内诊、胎儿监护。

胎教早知道

如果孕妈妈在孕中、晚期突然出现胎动频繁，之后减少并直至消失，要留意是否发生胎儿缺氧，并尽快到医院做相关检查。

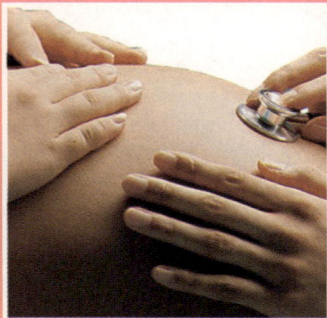

美育胎教：给胎宝宝美学的熏陶

胎宝宝虽然不能自己去看外面的世界，但通过孕妈妈神经介质的传递，胎宝宝依然能感知到外界的美好，积累朦胧的美学修养。

◎ 妈妈美，宝宝才会更美

在我们生活的世界，到处充满了多姿多彩的画面，孕妈妈通过细心的观察与倾听，将自己感受到的美通过神经传导给胎儿，这种对胎儿进行的美学教育对促进胎儿大脑细胞和神经发育大有好处。只要孕妈妈用心去体会身边的一切事物，胎宝宝就会在潜移默化中感受到这种美的意境，体验到这种美的氛围。

◎ 发现并感受生活中的美

生活就是一个大舞台，到处都充满了美的画面。孕妈妈可以到大自然中欣赏美丽的风景，可以陶醉于安静、悠闲的乐曲中，还可以为自己精心准备一身颜色明快、合身得体的孕妇装束。当然，准爸爸也可以为爱妻挂几幅她喜欢的壁画。总之，当孕妈妈置身于这种场景中时，腹中胎儿也一样能体验到生命的无限活力和父母对他的暖暖温情。

胎教早知道

对胎儿进行美学培养是胎教的一个组成部分，涉及音乐美学、形体美学和大自然美学三部分。

音乐之旅：民歌《茉莉花》

这是一首旋律婉转流畅，有典型南方民歌特点的曲子，当孕妈妈静心细听时，眼前会跃然出现一幅江南水乡风土人情的图画。

茉莉花

好一朵茉莉花

好一朵茉莉花

满园花草香也香不过它

我有心采一朵戴

看花的人儿要将我骂

好一朵茉莉花

好一朵茉莉花

茉莉花开雪也白也不过她

我有心采一朵戴

又怕旁人笑话

好一朵茉莉花

好一朵茉莉花

满园花开比也比不过它

我有心采一朵戴

又怕来年不发芽

我有心采一朵戴

又怕来年不发芽

听 | 的 | 艺 | 术

当清晨的第一缕阳光照进屋子，伴着这曲优美、柔和的乐曲，你可以将音量调到你最满意的位置，胎宝宝的听力发育也会在无形之中得到锻炼。孕妈妈在听音乐时要注意时间，每天放1~2次，每次放5~10分钟就足够了。

聪明妈妈教出聪明宝宝：跟宝宝玩"数独"（1）

孕妈妈每天都应该玩玩动脑游戏，多动动脑筋可以让胎宝宝的脑子更聪明。风靡全球的"数独"游戏就很适合孕妈妈。

◎ 关于数独

数独，又叫九宫格，是一种源自 18 世纪末的瑞士，后在美国发展、并在日本得以发扬光大的数学智力拼图游戏。

● 这种游戏是在 9x9 的方格内进行，这个方格叫大九宫格，在这里有分为 3 x3 的小方格，叫小九宫格。

● 在这个方格内已有若干数字，其他格位是空白的，孕妈妈需要自己按照逻辑推填出剩下的空格里是什么数字。

● 每一行与每一列都有 1~9 的数字，每个小九宫格里也有 1 到9 的数字，并且一个数字在每个行、列及每个小九宫格里都只能出现一次。

> ## 胎教早知道
>
> 孕妈妈在怀孕期间保持强烈的求知欲和好学心，可以把自己学到的东西传给胎宝宝，这对胎宝宝的大脑神经和细胞发育很有益处。

（1）

		9					7	
2	6				7		1	
			2	5	9			4
	8	6		9				
		1	8		4	5	9	
			7			4	6	
9			3	1				
	3		2				5	9
	2				6			

答案 →

5	8	9	4	3	1	2	7	6
2	6	4	9	8	7	3	1	5
7	1	3	6	2	5	9	8	4
4	8	6	5	9	2	7	3	1
3	7	1	8	6	4	5	9	2
5	9	2	1	7	3	4	6	8
9	4	5	3	1	8	6	2	7
6	3	7	2	4	9	1	5	9
1	2	8	7	5	6	8	4	3

第1周 我是一个 "小蚕豆"

此时胎宝宝的五官和四肢都有了明显的发展，
看起来就像一颗小蚕豆一样。
顽皮可爱的小豆子从这时起开始活动，
可惜孕妈咪还感觉不到。

吃酸的讲究

很多孕妈妈都有这样的感觉，"我以前从来不吃酸的，为什么现在特别喜欢？"这是孕期的正常反应，但要注意吃酸的也要讲究方法。

◎ 吃酸的要讲科学

孕妈妈这个时期总想吃酸的，总觉得只有带酸味的食品才有滋味，但是孕妈妈吃酸的可是有很多讲究的：像西红柿、樱桃、杨梅、石榴、橘子、酸枣、葡萄、青苹果等新鲜水果就可以根据个人情况放心食用，不仅能改善孕妈妈胃肠不适症状，还能增进食欲、加强营养，有利于胎儿的生长发育。但是，不宜吃腌渍的酸味泡菜，如酸豆角、酸白菜、泡菜等，这些食物营养价值低不说，还含有致癌物质亚硝酸盐，过多食用对母体、胎儿健康无益。

◎ 好"孕"私房菜

老醋彩椒花生米

材料：花生米 200 克，彩椒 1 个，老陈醋、生抽、绵白糖、盐、鸡精各适量。

做法：花生米洗净沥干水分；锅中冷锅倒入冷油，将花生米倒入锅中，小火，用锅铲不停翻炒，待表皮变色后，有香味出来将花生米盛出放凉；碗中加老陈醋、生抽、绵白糖、盐、鸡精等调匀；红黄彩椒（或黄瓜、香菜等）切丁与花生米拌匀，浇上调味汁即可。

醋熘白菜

材料：大白菜 750 克，葱花、花椒、干辣椒、盐、白糖、味精、香醋、湿淀粉各适量。

做法：大白菜切成方块，洗净后沥干水分，用少许盐腌一下，挤干水分，待用；小碗内放盐、糖、醋、葱花、湿淀粉调成料汁；烧热锅，放油烧至八成热，将花椒入锅先煸一下取出，下干辣椒节炸，至辣椒呈褐红色时，放白菜，大火炒熟，倒入料汁炒匀即可。

胎教早知道

不少孕妈妈喜欢吃山楂，但是山楂吃得过多，对子宫会有一定的兴奋作用，促使子宫收缩，容易导致流产。所以，为了胎儿和母体的健康，孕妈妈也要忌口了。

与孕吐过招

孕妈妈不要把孕吐作为自己的噩梦，这是正常的怀孕反应，只要能与孕吐正确过招，就可以让你安全度过这个时期。

◎ 孕吐，胎宝宝向你传递信息

"今天又孕吐了！"别急，这可是胎宝宝在向你打招呼啊。他在告诉你我喜欢什么、不喜欢什么，这是胎宝宝一种本能的自我反应。胎宝宝对有害物质的承受能力比起大人就差远了，为了抗议这些有害的物质，宝宝就会把他的想法传递给你。事实上，有研究发现，孕妈妈有呕吐现象早期流产的机会就越低，而且呕吐会在胎儿主要器官发育完成后慢慢停止。所以，当你出现孕吐的时候一定不要怨小宝宝，他也要健康生长啊！

胎教早知道

呕吐严重到频繁恶心、呕吐，不能进食，一定要及时去医院，千万不能耽搁。

◎ 轻松对付孕吐反应

为了最大限度地缓解孕吐反应，孕妈妈需要注意自己的起居生活，下面几点就万万不可大意。

● 早晨尽量稍微吃点儿东西，如果胃里留存一些食物，能避免恶心、呕吐。

● 三餐建议准备一些流质且对肠胃刺激较小的食物。

● 在补充维生素时可以用儿童维生素代替产前维生素，这种维生素更容易消化。

● 充分休息，放松心情，如感到不舒服时，可以打牌或看书，这都是帮助你缓解孕吐症状的好方法。

● 穿着尽量要舒适，要避免腰部太紧的服装。

抚摸胎教：给宝宝最亲密的接触

爱抚是父母送给孩子最无价的关爱，不仅传递着母亲对腹中宝宝的关爱，更有利于培养聪明、机敏的宝宝。

◎ 胎教，从抚摸开始

抚摸胎教对胎宝宝的发育是很有帮助的，可以促进胎宝宝大脑细胞的发育，加快胎宝宝的智力发展，而且抚摸胎教还可以帮助胎宝宝出生后很快适应外界环境，如接受过抚摸胎教的孩子在翻身、抓握、爬行、坐立、行走等大运动都会比同龄孩子要提前。同时，抚摸胎教还能让孕妈妈身心放松、精神愉快，更好地加深全家人的感情。所以，准爸妈要尽快把抚摸胎教提上日程，让自己的宝宝赢在起跑线上。

◎ 抚摸也有章法

健康有益的抚摸需要孕妈妈在腹部完全松弛的情况下，用手从左至右、从上至下来回抚摸。进行抚摸胎教时，要保持空气新鲜，室内环境的舒适、温度也要适宜。如果能配合对话胎教和音乐胎教等方法，效果会更理想。当然，抚摸动作要轻，每次时间控制在 2 ~ 5 分钟。

胎教早知道

频繁地摸肚皮只会引起子宫收缩，甚至导致婴儿早产。要想得到理想的效果，必须把握好抚摸的尺度。

悦读时间：《种太阳》

一首儿时的歌谣，不仅勾起了孕妈妈对自己童年岁月的回忆，也为孕育生命的神圣过程记下了最深刻、最珍贵的祝福……

种太阳

我有一个美丽的愿望

长大以后能播种太阳

播种一个一个就够了

会结出许多的许多的太阳

一个送给送给南极

一个送给送给北冰洋

一个挂在挂在冬天

一个挂在晚上挂在晚上

啦啦啦种太阳

啦啦啦种太阳

啦啦啦啦啦啦啦啦

种太阳

到那个时候世界每个角落

都会变得都会变得温暖又明亮

悦读的艺术

《种太阳》最初是一首由一位名叫李冰雪的女孩在她十岁时创作的诗歌，通过种太阳这一举动表现了天真无邪的少年儿童对祖国的热爱，也表达了他们要把世界变得更加温暖、明亮的美好愿望。此诗后来由著名作曲家徐沛东谱曲，很快唱遍全国，还被评为亚运会期间十首优秀歌曲之一。

爱之手语（2）：爸爸爱你，妈妈爱你

想象腹中的天使，心中的爱意与日俱增，用手语表达出你对胎宝宝的这份感受吧，让爱在手掌中无限蔓延……

爸爸：用一只手的拇指贴在嘴唇上。

你：一只手的食指指向对方。

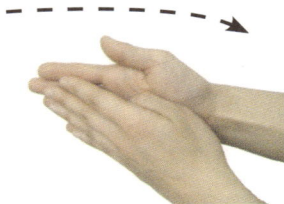

爱：用一只手抚摸另一只手的拇指指背，表示一种"怜爱"的感情。

爱：用一只手抚摸另一只手的拇指指背，表示一种"怜爱"的感情。

妈妈：用一只手的食指贴在嘴唇上。

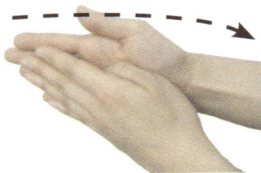

你：一只手的食指指向对方。

爱之手语

当孕妈妈说「你」的时候，可以将食指指向自己的腹部，这个小动作可以让你真切地感受到宝宝一举一动的变化。

第8周 妈妈，我要成"人"了

从现在起，
小家伙的骨架就开始形成了，
所以看起来的确有点儿"人模人样"了。
不仅如此，
他的发育还很迅速，
大约每天都会增长1毫米呢，
简直有点儿惊人。

胎教情报站：激素与胎宝宝的性格

在胎宝宝成长的每一天都会发生很多变化，而他的性格又是很多家人甚为关心的事情。今天，我们就来说说孕妈妈体内的某些激素是如何在潜移默化中影响胎宝宝出生后的性格的。

◎ 激素与性格

科学研究表明，胎儿时期的激素对宝宝日后性格的形成有很大影响。比如，胎儿时期雄性激素高，宝宝出生后性格就比较孤僻，不擅长社交活动，但是这些孩子的识别能力很强，对数字尤其敏感，能很快记住电话号码。同时，研究还表明，胎儿期激素水平与孤僻性格行为之间的关系，在儿童成人后仍将继续。

◎ 激素不是决定宝宝性格的唯一因素

宝宝在胎儿时期除了激素能影响宝宝性格外，妈妈的性情也会影响宝宝的性格。胎宝宝能敏锐地感知母亲的思维、心理活动及母亲对自己的态度，所以说胎宝宝并不像人们想象中的那般娇弱，正如母亲坚强的性格会感染胎宝宝，使其同母亲一道战胜困难，并从中获得性格方面的锻炼。因此，孕妈妈在孕期一定要保持良好的心态，热情地面对生活。

胎教早知道

孕妈妈不要随便服用雌激素和黄体酮，如果体内这两样含量过高，所生的孩子性格上比较懦弱。

情绪胎教：语音冥想沟通母子的心

语音冥想可以让孕妈妈和胎宝宝做一个心与心之间的沟通，让胎宝宝明白妈妈所做的一切都是为了爱他。

◎ 语音冥想——孕妈妈的心灵之旅

语音冥想又称曼特拉（Mantra）冥想，是瑜伽冥想术的一种。对于坚持练习此瑜伽术的孕妈妈来说，可以将其心灵从孕期忧虑、工作压力、生活劳累中抽离出来。练习时，孕妈妈只要把注意力集中在瑜伽语音上，就能很微妙地安抚情绪、调适心情，这不仅能提高孕妈妈的自身修养和素质，还能为胎宝宝的生长发育营造一个温馨、健康的环境。

◎ 语音冥想怎么做

语音冥想练习可以说是一学就会。选一个安静的地方，孕妈妈可以坐着、站着、走着，只要你感觉到舒服就行。在练习的时候，心与口可以同时反复诵念，也可以默念。如果是出声念诵时，对声音的大小没有太多规定，可以是低声悄语似的反复念，可以用普通语音响度念，还可以用有节奏的歌唱方式来诵念。有时诵念与呼吸保持同步节奏，有时又不必如此。练习时双眼有时是闭合的，有时是部分地闭合的，有时是完全张开的，这就要看孕妈妈的习惯了。

胎教早知道

在做语音冥想的时候，如果能用盘腿坐效果会更好，可以改善分娩时的体位，保持骨盆柔韧性，增强下身的血液循环。

温馨叮咛：孕妈妈轻松度夏

民谚云："孕妈妈过三伏，腹中揣火炉。"很多孕妈妈都很害怕过夏，其实好的生活习惯就会让你安全度夏。

◎ 吃出夏季好身体

夏季天气闷热，情绪容易烦躁，而且孕妈妈由于孕产反应，食欲本来就不好，为了胎宝宝的正常生长发育，营养搭配要注意均衡合理，最好多吃些蔬菜、水果和鱼肉。同时，还要注意少吃多餐、保持饮食的清淡。

◎ 科学远离夏季病

●夏季孕妈妈很容易感冒，但切忌乱用药，轻度感冒可多喝开水，注意休息；若感冒较重，可以用冰块降温，并在医生指导下服用 药物。此外，中药是治疗感冒较好的办法，它能有效地控制感冒病毒。

●孕妈妈在夏季很容易得霉菌性阴道炎，如果严重了就会影响到胎宝宝的健康，因此，孕妈妈在夏季尽量穿透气的衣服，洗澡的时候不宜坐浴，以免感染。

胎教早知道

进入夏季雨水增多，孕妈妈容易出现胸闷、气短、心慌甚至昏厥的情况，因此，自我护理万不可马虎大意。

描绘一下心中的宝宝（孕2月）

时间过得真快，转眼2个月过去了，在这个月，淘气的胎宝宝给孕妈妈出了不少难题，孕产反应、不能剧烈运动……但是在孕妈妈心里，他依然是最美丽的那幅画。

现在，孕妈妈可以找2张自己和准爸爸3岁以前的照片，想象一下胎宝宝长得更向谁，并用画笔记下你的想象，当然，旁边不要忘记写下你最想对宝宝说的悄悄话哦。

孕妈妈还可以在这里贴上你和准爸爸的照片，对比一下你画的像谁？

本月准爸爸课堂

又到了给准爸爸上课的时间了，在这一堂课，准爸爸要扮演一个大度的丈夫角色，用你的实际行动感谢爱妻的所有付出。

◎ 做个大度的准爸爸

由于早孕反应的缘故，孕妈妈会变得心烦气躁，有时甚至让人不可理喻，这种情绪变化会直接影响胎宝宝的发育和身心健康。所以，准爸爸一定要理解孕妈妈的这种变化，把自己的心胸放得大度些，不要与孕妈妈斤斤计较，并注意为孕妈妈创造一个温馨、惬意的家庭氛围，多留些时间陪着爱妻读书、看电影或是做手工。

◎ 当好胎宝宝的营养师

受早孕反应的影响，孕妈妈对很多营养食物都会或多或少有些抵触情绪。这时准爸爸就要扮演好营养师的角色。准爸爸在为孕妈妈准备饭菜时，尽量避免油腻的食品，多准备一些爽口的食物，也可以煲一锅好汤，但是煲汤时记得把汤品上面的油脂撇去。另外，准爸爸还要留意孕妈妈的口味，多备些她喜欢吃的健康食物，这样孕妈妈的胃口才会好，胎宝宝也能吸收到全面、充分的营养。

胎教早知道

这个时候的性生活一定要有所节制，避免让性生活影响到胎宝宝的健康。

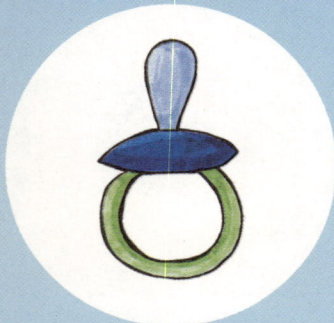

奇妙的3月（9~12周）：家有"小小人儿"

不知不觉，到了孕3月，孕妈妈慢慢开始"发福"了，胎宝宝也渐渐有变化了，面对这些悄然发生的变化，你又知晓多少呢？

◎ 胎儿的变化

● 胎宝宝这时手足伸开了，手指也分开了，眼睛上的眼皮、耳朵的耳垂、嘴唇，鼻子较高、出现鼻孔，下腭及脸也形成了；

● 这时皮肤尚无体毛，是光滑体，可以清晰地看到血管和内脏；

● 血液开始在胎儿体内循环，心脏的鼓动越来越清晰；

● 性器官也可以辨别出生男生女了；

● 这时通过超音波画面，可以看到胎宝宝在羊水里频繁地活动身体，到了月底还能看到胎宝宝两脚交替向前走的动作。

◎ 母体的变化

● 怀孕3个月的妈妈将持续第二个月的孕期反应，不过会更厉害；

● 这时候孕妈妈的子宫如拳头般大小，由于子宫不断增加，血液需求量随之增加，排汗量也不断增加，手脚变得很温暖，也会感到比平常更容易感到口渴，这说明本月身体需要更多的水分；

● 由于大量激素的分泌，孕妈妈的皮肤会变得粗糙，有的甚至长褐色的斑；

● 孕妈妈的乳房摸起来开始发硬、发疼，同时阴道有乳白色分泌物流出；

● 这时孕妈妈的腰部也越来越粗，腿部紧绷发疼，腰部酸痛。

胎教早知道

月底，孕早期的妊娠反应就会基本消失，同时发生流产的概率也会大大减小。

身长8~9厘米，重20~30克。

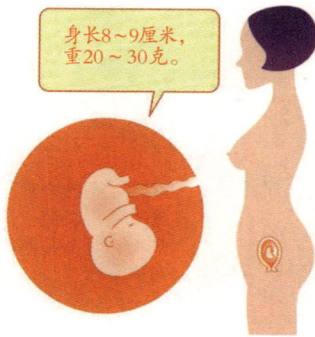

第9周 小尾巴哪去了

8周过去了，
你肚子里的小胎儿现在是
真正意义上的小宝宝了，
你不信？
不信你看看，
人家的小尾巴都不见了呢。
而且，
顽皮的小东西不停地运动，
还摆出各种POSE，
但是你还是看不到，
没关系，
再过一段时间就可以了……

胎教情报站：胎盘——胎宝宝的"水晶宫"

十月怀胎，孕妈妈的每一天都要有一个好心情，而不良情绪只会使血液中有害胎儿健康发育的物质剧增，而这一切往往会通过胎盘影响胎儿的发育。那么，胎盘在胎宝宝的健康发育过程中到底有多么重要的影响呢？

◎ 胎盘能帮胎宝宝做些什么

这个时期，胎盘已经日趋完善，并逐步开始工作，它可是联系胎宝宝和孕妈妈之间的纽带，更是胎宝宝快乐成长的水晶宫。那么，胎盘能帮胎宝宝做些什么呢？

● 胎盘担负着胎宝宝呼吸器官的功能。可以把氧气通过母体血液送给胎宝宝，再把胎宝宝血液中的二氧化碳送回母体排出。

● 胎盘能运送胎宝宝生长发育所需的各种养分，还能将母体内的抗病物质输送给胎宝宝。

● 胎宝宝的代谢废物，如尿液中的尿素等，会通过胎盘，由母体排出体外。

● 胎盘可以抵御细菌、病毒等有害物质侵入胎宝宝体内，但并不是所有的有害物质都会通过胎盘侵害胎宝宝。

● 胎盘可以根据胎宝宝的发育分泌相应的激素，保证其正常生长发育的需求。

胎教早知道

胎盘主要由胎囊壁的叶状毛膜和妊娠子宫的蜕膜发育而来，怀孕 16~20 周胚胎完全形成。胎盘的形态和功能随着胎宝宝生长发育的需要而不断发育，并逐渐完善。

完美营养：开始补钙了

随着胎宝宝骨骼细胞发育的加快，孕妈妈身体中的"钙"也悄无声息地在流失，孕妈妈要重视了，别再和肚里的宝宝抢钙了。

◎ 补钙进行时

很多女性怀孕前钙摄入就不足，因此，这个时候就要把补钙放入你的营养表里了，而且要让补钙贯穿你的整个孕期。如果孕妈妈在孕初期能做到合理的补钙，这样胎宝宝出生后会较少出现夜惊、抽筋、出牙迟、烦躁及佝偻病等缺钙问题，宝宝的牙齿和骨骼发育状况也较好；对孕妈妈来说，可缓解孕期小腿抽筋、腰腿酸痛、骨关节痛、水肿等不适，还能预防骨质疏松。

◎ 怎样补钙最有效

牛奶是最好的补钙食品，饭后喝牛奶效果最好，另外，睡前和早上也是喝牛奶的好时段。

- 多喝骨头汤，也可以是排骨汤，加点儿西红柿一起煮或是加一点儿醋，这样更有助于钙的吸收。
- 孕妈妈注意不要喝太浓的茶，因为茶会导致钙的流失。
- 孕妈妈要做适量的运动，这样有助于营养素的消化吸收，否则就是把钙片当饭吃也没用。
- 孕妈妈要适量晒太阳，阳光能帮助人体吸收钙质。
- 补钙的时候，最好以非药物为主，钙片尽量不要吃，否则会使胎宝宝骨骼提早过硬，反倒不利于顺利分娩。

孕妈妈在孕初期补钙时，可检查一下体内钙含量，根据化验结果来决定如何补充钙剂。

胎教早知道

◎ 好"孕"私房菜

虾皮烧豆腐

材料：豆腐 300 克，虾皮 10 克，青蒜 20 克，酱油、盐、大葱、姜、淀粉（豌豆）各适量。

做法：豆腐经盐水烫后切长方块；葱、姜切成细末；青蒜洗净切成段；锅内放油烧热后，先煎豆腐呈微黄色，加酱油和少许水，放入葱、姜末和虾皮炒匀，炒至入味，加青蒜，用湿淀粉勾芡略炒即可。

玉米排骨汤

材料：玉米一根，排骨 600 克，盐、鸡精各适量。

做法：排骨切段，入沸水中焯去血沫捞出；玉米洗净，砍小段；把排骨和玉米放入锅中加水煲1.5 小时至排骨熟烂，出锅的时候撒少许盐、鸡精即可。

情绪胎教：穿出靓丽好心情

孕妈妈已经到第三个月的中期了，身体的变化越来越明显了，这时孕妈妈应该准备一些宽松一点儿的衣服，其实很多孕妇装的设计也是很不错的，如果孕妈妈再花点儿心思，同样能穿出风采。

◎ 孕妈咪"巧"穿扮

孕妈妈从这个时候开始，就应穿比平时衣服宽松些的衣服，只要舒适就可以了，如选择裙装时，可以参照少打褶、多斜裁、腰松的原则，这样孕妈妈穿上不是很显胖；选择裤装时，大腿和腰部应该比较宽松，以凸起的腰围为准。另外，孕妈妈在选择内衣时也要注意，这时孕妈妈就不要再穿平时的塑形内衣了，腰部太紧的内裤会影响胎宝宝的发育。另外带钢托的文胸会抑制乳房的发育容易引起产后奶少和乳腺增生，因此，孕妈妈应该选择舒适的内裤和文胸。

◎ 避开四大穿衣误区

误区一：怀孕初期的随便穿衣。孕妇本身就比其他人代谢旺盛，出汗较多，若排汗不畅，就很容易引起皮疹、皮肤感染等问题。

误区二：掩人耳目的腰带。腰带容易影响下肢血液循环，有碍子宫胎盘的血液循环，影响胎儿的正常发育。

误区三：穿紧身牛仔裤。穿牛仔裤会增加孕妇外阴部和腹部与裤子的摩擦，容易引起外阴炎和阴道炎等妇科疾病。

误区四：衣着灰暗令人萎靡。穿灰暗色的衣服，令整个人看上去精神状态不好。

胎教早知道

孕妇要选择无化学污染的健康环保内衣，留有化学物质对人体有伤害，植物染色就不存在化学物质，能更好地呵护人体健康。

运动进行时：孕妈妈瑜伽 —— 狮吼式

孕妈妈身体的平衡感越来越差，身体的灵活度也减退了，对孕妈妈的心情也会有很大影响，瑜伽中的狮子吼就可以帮助孕妈妈改善这些问题，更有利于胎宝宝的健康。

◎ 运动胎教方案：狮吼式

1. 孕妈妈跪坐在床上或瑜伽垫上，双腿打开，让臀部坐于脚踝上。

2. 手臂伸直，掌心向内，手腕朝外，动作看起来像一只狮子。

3. 吸气后，吐气时的表情像狮子吼——把嘴巴尽量张开，舌头外伸，尽量往下顶到下巴，保持5个呼吸，早晚各1次。

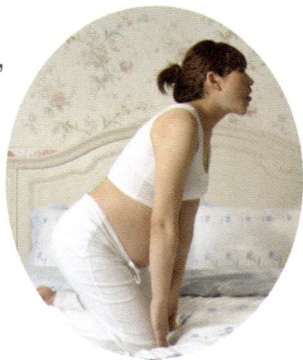

◎ 不可忽视的练习要领

为了增强运动效果，在练习过程中，孕妈妈需要格外注意下面几点。

● 做完这个动作，做身体放松，觉得身体完全放松下来后，再做下一个动作。

● 做动作时千万不要过度拉伸，否则很容易拉伤。

● 这套瑜伽动作要空腹练习，如果孕妈妈已经吃饭了，可以4小时后再练习。

● 呼吸练习时，要尽量用胸部呼吸，最好不要用腹式呼吸，更不要收缩腹部。

胎教早知道

孕妈妈的腹部隆起后就不要练习脸朝下的动作，其他挤压腹部的动作也应小心练习。

悦读时间：让胎宝宝在故事中成长

当你朗朗上口地给胎宝宝讲故事的时候，传递的不仅仅是生动有趣的小故事，更是母子连心的那一段情。

胎宝宝最爱听妈妈讲故事

孕妈妈如果每天能定时念故事给腹中的宝宝听，可以让胎宝宝感觉到一种安全与温暖的感觉，如果反复念同一则故事给胎宝宝听，会令他的神经系统变得对语言更加敏锐，有助于听力的发育。科学研究也发现，孕妈妈是否有求知欲，会直接影响胎宝宝的智力发育。因此，孕妈妈最好每天多读一些书，并把书上的故事讲给胎宝宝听，这对胎宝宝的发育是很有帮助的。

这样给胎宝宝讲故事

孕妈妈在给胎宝宝讲故事的时候一定要注意方式方法，只有这样才能达到理想的胎教效果。

● 在选择故事的时候，要尽量的广泛。

● 选一些能够感到身心愉悦的儿童故事、童谣、童诗。

● 不要忘记给胎宝宝详细介绍故事中的人、事、物。

● 在给胎宝宝讲故事之前，要让故事在自己的头脑里形成一个个具体的形象。

● 要有感情地给胎宝宝讲故事。

悦读的艺术

孕妈妈可以编一些与胎宝宝有关的故事，让"他"扮演相关角色，真正参与其中，这样胎宝宝才能更深地体会到自己是被关注、被疼爱的。

第10周 小小 "扁豆" 变聪明

这一周，
小家伙的身长已经有8厘米了，
形状和大小简直就像一个扁豆荚。
重要的是，
他的脑细胞也开始迅速增殖，
所以，
小扁豆可是越来越聪明了呢。

胎教情报站：脐带——胎宝宝的"生命线"

脐带是胎宝宝与孕妈妈唯一的"沟通"要道，通过它，胎宝宝可以获取到生长发育所需的各种营养；也是通过它，胎宝宝能够感受到孕妈妈的喜怒哀乐。这样看来，脐带在胎教过程中还承担着极其重要的任务哦。

◎ 脐带是胎宝宝的"生命线"

脐带是胎宝宝与孕妈妈唯一连接的地方，一端连接在胎宝宝的腹部，另一端连接在胎盘的近中心处。脐带能帮助胎宝宝从母体中获取生长发育所需的营养和氧气，而且胎宝宝体内的代谢产物和二氧化碳也是通过脐带排出的。同时，脐带血管周围衬垫着半透明的胶质，对胎宝宝有保护作用。

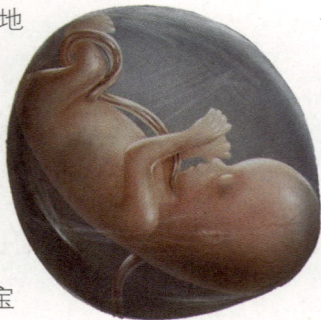

◎ 脐带也是胎宝宝的玩具

B超发现，多数胎宝宝会不时地抚摩、撩拨脐带，将其完全视为一个玩具。长长的脐带可以缠颈、绕身、绕手足，有20%以上的胎宝宝有脐带绕颈现象，少则1圈，多则3圈。而且，脐带缠绕、打结、受压都会使脐带血流受阻，造成胎宝宝缺氧。一般来说，只要缠得不紧，就不会危害到胎宝宝。不过，孕妈妈还要格外注意胎宝宝的脐带绕颈，只要感觉胎动有异常，就应及时去医院查看。

胎教早知道

脐带偶尔也有打结现象，这是由于胎体被脐带缠绕，后又穿越绕身的脐带圈而形成。

完美营养：孕妈妈多吃鱼，宝宝更聪明

科学膳食是胎宝宝健康成长的重要因素，也是积极开展胎教的基本条件，而营养丰富的鱼类美食更有利于胎宝宝的健康成长。因此，孕妈妈一定要视自己的胃口，多亲近鱼类食物哦！

◎ 鱼：让胎宝宝更聪明、孕妈妈更健康

孕妈妈在孕期适当地多吃些鱼是有很多好处的，鱼含有丰富的营养物质，如氨基酸、卵磷脂、钾、钙、锌等，这些都是胎宝宝脑部神经发育的必需物质，如果胎宝宝在发育中不缺这些营养物质，这样生出来的宝宝特别聪明；鱼对孕妈妈也是有很多的好处，鱼能给孕妈妈提供优质蛋白，另外，吃鱼还不容易发胖，还能治疗孕妈妈的忧郁症。

胎教早知道

孕妈妈要少食鱼罐头，因其水银含量较高，也不要吃鱼油，因为鱼油会影响凝血机能，增加出血几率。

◎ 好"孕"私房菜

蒜薹溜鱼片

材料：净鱼肉 200 克，蒜薹 100 克，葱姜蒜末、豆瓣酱、盐、料酒、味精、胡椒粉、白糖、香油各适量。

做法：鱼肉片成片，水淀粉上浆，用油滑熟；锅里放少量油，下葱姜蒜末、豆瓣酱炒出香味后，下蒜薹略炒，烹料酒，下肉汤或开水，放鱼片、盐、味精、胡椒粉、白糖，略烧片刻后勾芡，淋点儿香油即可。

清蒸平鱼

材料：平鱼 350 克，火腿、冬笋、香菇各适量。

做法：平鱼洗净；冬笋、火腿切片；将平鱼整齐地摆放在汤盆里，鱼身上先放笋片铺平，火腿片放在笋片上，再放上水发冬菇、猪板油丁、葱结、姜片，加入精盐、酱油、料酒，上笼用旺火蒸 10 分钟；鱼熟立即出笼，拣去葱结、姜片不用；将蒸鱼的汁滗入锅内，加入鸡汤，烧开后倒入鱼盆里即可。

美育胎教：带着宝宝欣赏自然之美

广袤辽阔的草原、惊涛拍岸的河海、挺拔峻峭的高山，无不给我们带来美的享受和精神的升华。经常带着胎宝宝走进大自然，将这一感受传递给他，对孕妈妈和胎儿都有积极的作用和熏陶。

◎ 大自然就是最佳的胎教场所

胎儿大脑发育需要充足的氧气，如果孕妈妈能充分地吸入氧气，胎儿的大脑发育就会非常健康，头脑也会更灵敏，而环境怡人的大自然就是最好的供氧场所。同时，大自然的美景还能让孕妈妈的心情变得更开朗，而且这种愉悦之情还会传递给胎宝宝，这样胎宝宝也能和你一起尽情地享受大自然的美景。

◎ 和胎宝宝一起感受自然之美

日常生活中，孕妈妈可以有意识地向胎宝宝描绘身边的自然美景。比如，太阳公公是什么样子的，公园里的花草都有哪些，长得怎么样，天空是什么颜色，有没有漂亮云朵的相伴，等等。除了眼睛看到的美景，孕妈妈还可以向胎宝宝描述自然界中各种美妙的声音，比如，小鸟的鸣叫声、风吹树叶的沙沙声、水流动的哗哗声……当然，孕妈妈也可以尝试发出这些声音，这样胎宝宝的感受会更真实、更亲切。同时，也可以通过读画报，为胎宝宝介绍书中的大自然，比如身边熟悉的小动物、健康的花花草草等。

胎教早知道

孕妈妈在向胎宝宝描述大自然的时候，需要对所看到的事物有所感触并充分理解，这样胎宝宝才能真正"看"得到孕妈妈所描述的事物。

环境胎教：做自己的居家设计师

温馨舒适、健康安全的居室不仅能为孕妈妈营造一个多姿多彩的孕育环境，更是胎宝宝健康发育的一个不可缺少的外在因素。

◎ 摆放好房间的装饰品

为了胎宝宝的健康，很多孕妈妈喜欢在屋里放置一些趋吉避凶的吉祥物作为装饰品，其实，吉祥物是不能随便乱放的，摆错位置反而弄巧成拙。一般来说，简单明亮、令人愉悦的山水画、风光图、宝宝微笑的照片就很不错。但是，建议不要摆放貔貅、狮子、老虎、大象等吉祥物以及古剑、风铃等装饰物，这些都会对胎宝宝造成不利影响。

◎ 卧室色调的大学问

孕妈妈这时对颜色的反应非常的敏感，会对有些颜色非常的偏爱，也会讨厌很多颜色。很多研究发现，孕妈妈在这个时期比较喜欢淡绿、淡紫色、淡蓝色等温馨的暖色，这些颜色对孕妈妈有稳定情绪的效果，还能有助于睡眠；但不喜欢红色和黑色强烈的颜色。因此，在装修孕妈妈卧室的时候，就要尽量避开孕妈妈不喜欢的颜色，这些孕妈妈喜欢的颜色对孕妈妈有稳定情绪的效果，还能有助于睡眠，对宝宝的胎教也是很有帮助的。

胎教早知道

孕妈妈怀孕期间，家里最好不要装修、动土，也不要轻易更换房间或是移动卧床，否则不利于胎宝宝的健康孕育。

音乐之旅：儿歌《春天在哪里》

一首深受孩子喜爱的歌曲《春天在哪里》，以天真活泼的语气歌唱美丽的春天，抒发心中的无限欢乐，当孕妈妈听着这首歌，春天美景顿时浮现眼前，腹中胎宝宝也会愉悦起来。

春天在哪里

春天在哪里呀、春天在哪里、春天在那青翠的山林里
这里有红花呀、这里有绿草、还有那会唱歌的小黄鹂
嘀哩哩嘀哩嘀哩哩嘀哩哩
嘀哩哩嘀哩哩嘀哩嘀哩哩嘀哩哩
嘀哩哩

春天在青翠的山林里、还有那会唱歌的小黄鹂
春天在哪里呀、春天在哪里、春天在那湖水的倒影里
映出红的花呀、映出绿的草、还有那会唱歌的小黄鹂
嘀哩哩嘀哩嘀哩哩嘀哩哩
嘀哩哩嘀哩哩嘀哩嘀哩哩
嘀哩哩嘀哩哩

春天在湖水的倒影里、还有那会唱歌的小黄鹂
春天在哪里呀春天在哪里
春天在那小朋友眼睛里、看见红的花呀看见绿的草、

还有那会唱歌的小黄鹂
嘀哩哩嘀哩嘀哩哩嘀哩哩嘀哩哩
嘀哩哩嘀哩嘀哩哩嘀哩哩嘀哩哩
春天在小朋友眼睛里、还有那会唱歌的
小黄鹂

听的艺术

孕妈妈听着这首歌，孩提时的那份快乐会深深地影响着自己，她好像也看见了自己的宝宝在高兴地唱着这首歌向她跑来。如果孕妈妈心情不是很好的时候，还可以唱唱这首歌，心情就会变得愉悦起来，孕妈妈要知道胎宝宝更喜欢听见你的歌声。

聪明妈妈教出聪明宝宝：跟宝宝玩"数独"（2）

胎宝宝的大脑发育越来越快，孕妈妈更要注意多动脑，今天，我们继续做一套九宫格游戏，这对胎儿大脑开发很有帮助。

4				7	6		8	
		6			2			
			5			4		
1						5	4	
		7		1		9		
	2	3						6
		2			9			
			4			1		
	5		6	8				2

答案 →

4	3	5	9	7	6	2	8	1
9	8	6	1	4	2	7	3	5
2	7	1	5	3	8	4	6	9
1	9	8	2	6	3	5	4	7
6	4	7	8	1	5	9	2	3
5	2	3	7	9	4	8	1	6
8	1	2	3	5	9	6	7	4
3	6	9	4	2	7	1	5	8
7	5	4	6	8	1	3	9	2

第11周 陪我动一动吧

进入孕11周，
小胎儿的身长已经达到9厘米了，
体重也有20克了。
更有意思的是，
小东西已经不满足于来回跳一跳了，
他开始能做吸吮、
吞咽和踢腿动作，
他还很喜欢有妈咪陪着一起运动哦！

胎教情报站：羊水——胎宝宝的"守护神"

我们人类是一种特殊的"两栖动物"，胎儿期会生活在水里；出生后，又会生活在陆地上，而其中奥秘就在于神奇之水——"羊水"。今天，我们的胎教课堂就来了解一下这个孕育胎宝宝的"神奇之水"吧。

◎ 羊水是从哪里来的

随着胎宝宝的发育，羊水来源也会不断发生变化。在孕初期，羊水主要来自胚胎的血浆成分；在孕中后期，随着胚胎器官开始成熟发育，其他诸如胎儿的尿液、呼吸系统、胃肠道、脐带、胎盘表面等也都成为羊水的来源。羊水中的 98% 是水分，另有少量无机盐类、激素和脱落的胎儿细胞。通常，羊水正常范围在 300 ~ 2000 毫升，超过这个范围称为"羊水过多症"，达不到这个范围称为"羊水过少症"。

◎ 羊水就是胎宝宝的"守护神"

既然羊水是孕育胎宝宝的神奇之水，那么，它到底如何守护着胎宝宝呢？在妊娠期，羊水能缓和腹部外来压力或冲击，使胎宝宝不致直接受到损伤；羊水还能稳定子宫内温度，使其不至于有剧烈变化；羊水还可以减少胎宝宝在子宫内活动时引起的不适感觉或减少病毒感染的概率；在分娩过程中，羊水会形成水囊，这样可以缓和子宫颈的扩张；破水后，羊水对产道也会产生一定的润滑作用，使胎儿更易娩出。

胎教早知道

羊水是指怀孕时子宫羊膜腔内的液体。在整个怀孕过程中，它是维持胎儿生命所不可缺少的重要成分。

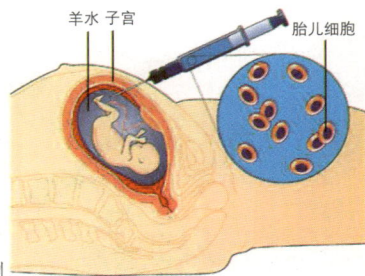

羊水 子宫　　　　　　胎儿细胞

羊水检测

手工生活：随手种一盆绿色植物

陶醉在植物的清香中，把这喜悦的感受传给胎宝宝，他也能感受到花的清香，让他在这份清香中健康成长。

◎ 舒缓心情的绿色植物

绿色让人心情愉悦，绿色的植物让人赏心悦目。在家里种植一些绿色植物对孕妈妈来说是个好主意。一丛丛、一簇簇的绿色植物点缀在家里，让房间充满生机，还会形成一个小生态环境，调节家里的温度湿度，吸收有害空气和粉尘。清晨或者午后，给植物浇浇水，松松土，剪剪枝叶，像呵护宝宝那样呵护着这些绿色的植物。与宝宝对话的时候植物也在聆听，和植物说话的时候宝宝也会知道，这样孕妈妈多了个知心朋友，小宝宝也有了一个共同成长的伙伴。

◎ 亲近健康的绿色植物

养花草不仅使人赏心悦目，而且有益身体健康。一般来说，孕妈妈可以养芦荟、虎皮兰、虎尾兰、龙舌兰以及褐毛掌、伽蓝菜、景天、落地生根、栽培凤梨等，因为这些植物香气清淡，白天晚上均能释放氧气，对空气有一定调节作用。视力减退的孕妈妈不妨养一盆菊花，还有明目的效果。

胎教早知道

孕妈妈在养花草的时候，最好不要养浓烈香味的茉莉花、丁香、水仙、木兰等，否则会降低孕妈妈的嗅觉和食欲，甚至引起头痛、恶心、呕吐。

温馨叮咛：预防妊娠斑，做个美丽孕妈妈

在怀孕期间，很多孕妈妈会担心自己出现恼人的妊娠斑，不过孕妈妈不用急，通过科学恰当的预防，妊娠斑也是可以很快消除的。

◎ 不可不知的斑斑点点

妊娠斑，也叫黄褐斑、蝴蝶斑或色素沉着，孕妈妈由于怀孕时内分泌的改变，脑垂体分泌的促黑色素细胞激素增加，以及大量孕激素、雌激素，致使皮肤中的黑色素细胞的功能增强。从这个月开始在孕妈妈的乳头、乳晕、腹正中线及阴部皮肤着色会加深，程度因人而异，这个属于妊娠期生理性变化，孕妈妈不必担心，也不需要治疗。

◎ 斑点预防早知道

通过合理膳食可以加速人体新陈代谢，将色素排出体外，而且丰富的维生素预防斑点的效果也很显著。建议孕妈妈多吃富含维生素 C 的猕猴桃、番茄、草莓等水果，以及富含维生素 B_6 的奶制品。同时，孕妈妈要注意休息，保证充足的睡眠。坚持用冷水和热水交替冲洗脸上长斑的部位，也能促进相应部位的血液循环，加速黑色素分解。但是，不要在怀孕期间服用内分泌制剂，如考地松、雌激素等，否则可能会影响到胎宝宝的发育。

胎教早知道

孕妈妈夏日外出应戴遮阳帽，避免阳光直射面部，否则会加重妊娠斑。

悦读时间：《小蝌蚪找妈妈》

今天，孕妈妈可以给胎宝宝讲《青蛙和老鼠》的故事，让胎宝宝在故事中感受妈妈对他的爱、以及对他的期望。

小蝌蚪找妈妈

暖和的春天来了，池塘里的冰融化了，柳树长出了绿色的叶子。青蛙妈妈从泥洞里慢慢地爬出来，跳进池塘里，在碧绿的水草上，生下了许多黑黑的、圆圆的卵。

春风吹着，阳光照着，池塘里的水越来越暖和了，青蛙妈妈生下的卵，慢慢地活动起来，变成一群大脑袋、长尾巴的小蝌蚪。小蝌蚪在水里游来游去，非常快乐。

有一天，鸭妈妈带着小鸭到池塘来游水。小鸭子们跟在妈妈后面，"嘎，嘎，嘎"叫着。小蝌蚪看见了，就想起了自己的妈妈。他们你问我，我问你："我们的妈妈在哪里呢？"可是谁也不知道。他们一齐游到鸭妈妈身边，问："鸭妈妈，鸭妈妈，您看见过我们的妈妈吗？"鸭妈妈亲热地回答说："看见过。你们的妈妈有两只大眼睛，嘴巴又宽又大。"小蝌蚪高高兴兴地向前面游去。

一条大金鱼游过来了，小蝌蚪看见大金鱼头顶上有两只大眼睛，嘴巴又宽又大。他们想：一定是妈妈来了，就追上去喊："妈妈！妈妈！"大金鱼笑着说："我不是你们的妈妈。我是小金鱼的妈妈。你们的妈妈肚皮是白的"小蝌蚪又向前面游去。

一只大螃蟹从对面游了过来。小蝌蚪看见螃蟹的肚皮是白的，就迎上去大声叫："妈妈！妈妈！"螃蟹笑着说："我不是你们的妈妈。你们的妈妈只有四条腿，而我有八条腿。"小蝌蚪不好意思地说："对不起呀，我们认错了。"

一只大乌龟在水里慢慢地游着，小蝌蚪仔细数着大乌龟的腿："一条，两条，三条，四条。四条腿！四条腿！妈妈，妈妈！"大乌龟笑着说："你们的妈妈穿着好看的绿衣裳，唱起歌来'呱呱呱'，走起路来一蹦一跳。"小蝌蚪再向前面游过去。

小蝌蚪游呀游呀，游到池塘边，看见一只青蛙，坐在圆圆的荷叶上"呱，呱，呱"地唱歌。

小蝌蚪游过去，小声地问："请问您：您看见我们的妈妈吗？她有两只大眼睛，嘴巴又宽又大，四条腿走起路来一蹦一跳的，白白的肚皮绿衣裳，唱起歌来'呱，呱，呱'……"青蛙没等小蝌蚪说完，就"呱呱呱"大笑起来。她说："傻孩子，我就是你们的妈妈呀！"

小蝌蚪高兴得在水里翻起跟斗来："呵！我们找到妈妈了！我们找到妈妈了！"青蛙扑通一声跳进水里，带着小蝌蚪一块儿游玩去了。

爱之手语（3）：亲切的问候！

当清晨洒下第一缕阳光，当夕阳落下最后一朵晚霞，"宝宝，早上好！""宝宝，晚安！"一句亲切的问候顿时变成一个联结你和宝宝的纽带，而爱也因此无限绽放……

早上：一只手的四指与拇指相捏，手心向下横放在胸前，然后缓缓向上抬起，五指逐渐张开。

①

②

好：一只手握拳，向上伸出拇指。

晚（晚上）：一只手的四指并拢，与拇指成直角，放在眼前，然后缓慢做弧形下移，同时五指捏合。

①

②

安：一只手掌心向下平放在胸前，然后向下压。

爱之手语

想要让宝宝长大后口齿伶俐、人见人爱吗？那就从现在开始，坚持用手语与胎宝宝对话吧，要知道，这对胎宝宝语言能力的发育是很重要的哦。

第12周 天天长，天天变

现在这个小宝贝可以说是
"日新月异"，
每天都有不同的变化。
尤其是触觉越发灵敏了，
如果你用手轻轻碰触腹部，
他就会在羊水里轻轻蠕动，
就好像在跳优美的水上芭蕾一样。

运动进行时：与胎宝宝慢舞

在优美音乐的伴奏下，孕妈妈可以边听乐曲边慢舞一曲，想象着孩子在肚子里快乐的样子，孕妈妈的美丽和自信也会随之增加。

◎ 舞出孕期的健康与快乐

孕妈妈跳舞的目的其实和游泳是一样的，都是用来锻炼生产时肌肉的运动方法。孕妈妈可以配合旋律，使手、脚、腰等部位自然摆动，让肌肉充分伸展、放松，以达到运动的目的。另外，跳舞还可以舒缓怀孕带来的不适症状，增加体力，舒缓紧张、不安情绪，能够提高在怀孕前、分娩中和分娩后的耐力，降低怀孕期间出现并发症的危险，还能减短产后恢复所需的时间。可以说，跳舞对孕妈妈的好处是很多的，在优美的舞曲中，不但自己的身体得到了很好的锻炼，胎宝宝也享受到了优美的音乐。

◎ 不可忽视的安全策略

跳舞作为一种运动项目，对于孕妈妈来说，在跳舞的过程中，一定要格外注意安全，下面几点就不容忽视。

● 找一个了解孕期身心变化的专业老师，在其指导下，一步步地练习慢舞才是最安全的。

● 孕妈妈跳舞时，宜选择舒适的衣服和合适的鞋子。

● 为了避免突然转变方向，不要做跳跃或旋转动作，跳舞时，要始终保持重心平衡。

胎教早知道

跳舞时，孕妈妈应该根据自己的情况来调节身体，如果感觉不舒服就应该立刻停止活动，反应强烈时要尽快去医院就诊。

手工生活：做一张漂亮的胎教卡片

色彩艳丽的胎教卡片是孕妈妈最好的助手，它不仅能吸引孕妈妈的注意力，还会让孕妈妈精力集中地教胎宝宝学习知识。

◎ 开始准备胎教卡片

准备一些彩色纸片，颜色最好是浅色的，如白色、淡绿、淡粉、淡蓝等，也可以是闪光的卡片。卡片的大小约为 12 厘米见方；准备一些彩色笔，最好选择那些稍微粗一些的，现在就可以写你要的内容了，不过写的时候，最好先考虑一下色彩搭配，上面的图案可以用黑色的，也可以是彩色的，但一定要清晰，这样才能让孕妈妈在胎教的过程中强化意念和集中注意力，并使孕妈妈获得强烈的视觉感。

◎ 胎教卡片写些什么

卡片上的内容可以根据你的需要来安排，数字、拼音、大小写的英文字母都是卡片上不错的内容，如果你有很好的绘画功底，能画一些图片那就更好了。孕妈妈在用卡片进行胎教的时候，最好将自己的想法也一一说出来，不仅让胎宝宝感受到，还能让胎宝宝听到，同时孕妈妈还要记得不断将平面的形象转化成生活中的立体信息，并通过想象传达给宝宝。

胎教早知道

胎教卡片要注意字迹清楚、鲜明、工整，如果卡片是黄色的，字体就可以用黑色或者蓝色。

美育胎教：名画欣赏《摩特枫丹的回忆》

风景优美的名画可以进化心灵，只要让自己处于灵动状态，处处有感于心，就可以感受那份恬静，这样孕妈妈的情绪就会变得愉悦起来，胎宝宝也会感受到这份愉悦心情。

这是一幅描绘乡村湖边、晨雾初散时刻的美景，当清新的晨风交融着湖面散发的水汽，一位身着红裙的女子正仰首摘取小树上的野果，树下有两个孩子，女孩低头采撷草地上的野花，男孩手指树上的果子，透过薄雾的阳光洒在湖面和草地上，四处绽开的小花映衬着茸茸绿草，更显现出大自然的无穷魅力。看着这幅画的美景，孕妈妈是不是感觉自己的心情非常的不错啊！

音乐之旅：儿歌《蜗牛与黄鹂鸟》

唱起这首熟悉的歌谣，孕妈咪是否又回到了自己的童年时代，遥想当年的小女孩儿站在葡萄树下，用幼嫩的嗓音询问那只蜗牛，不经意间，甜美的清泉已涌入了心底……

蜗牛与黄鹂鸟

阿门阿前一棵葡萄树

阿嫩阿嫩绿地刚发芽

蜗牛背着那重重的壳呀

一步一步地往上爬

阿树阿上两只黄鹂鸟

阿嘻阿嘻哈哈在笑它

葡萄成熟还早地很呢

现在上来干什么

阿黄阿黄鹂鸟不要笑

等我爬上它就成熟了

胎教早知道

这首儿歌里面涉及两个人物，一个是蜗牛，一个是黄鹂鸟。它们对葡萄树有着不同的感受，所以，孕妈咪在唱这首儿歌时，无论是语气还是表情，都要注意角色的转换，让小宝贝能够感受到不同角色之间的变化。而且这首儿歌曲调活泼，孕妈咪唱得也要俏皮可爱，这样小宝宝才会感到兴奋哦。

描绘一下心中的宝宝（孕3月）

这个月的胎宝宝变化是非常大的，已经是一个小大人了，所以，孕妈妈一定要抓住这段胎教的黄金季节。下面先让我们预习一下本月的胎教重点，看过这些，你就会对这个月要做什么一目了然了。

不知不觉，胎宝宝已经3个月了，不但听力渐渐发育，而且也越来越像个小人了。准爸爸和孕妈妈不要忘了每天跟他打个招呼，用画笔描画一下你心中的小天使哦！

本月准爸爸课堂

时间过得真快，转眼孕宝宝已经3个月了，准爸爸的责任也越来越重了，在生活中要点点滴滴地帮助孕妈妈，还要配合孕妈妈做好胎教。

◉ 做好孕妈妈的"心理按摩师"

随着孕妈妈孕期反应的突显，准爸爸除了要承担分内家务外，更要采取积极的行动帮孕妈妈找回自信，做好孕妈妈"心理按摩师"。比如，不经意的一句赞美——"怀孕的女人是最美的"，就会让孕妈妈的心情愉悦无比。另外，为了让孕妈妈有个好心情，准爸爸还可以学一学按摩，这不仅能缓解孕妈妈由于妊娠反应带来的疲劳，还有利于孕妈妈的休息睡眠，当然，更是融洽夫妻感情的润滑剂。

◉ 《母子保健手册》办理了吗

在这个时期，准爸爸除了要积极陪孕妈妈去医院做检查外，还要明确一下是否办理了《母子保健手册》。《母子保健手册》是孕妈妈和胎宝宝的健康档案，其中包括孕妈妈孕期中各个时期的生理变化，以及胎宝宝的发育情况，还包括孕期和分娩的注意事项，另外还有关于宝宝出生后预防接种的时间。如果孕妈妈忘记了，准爸爸一定及时提醒孕妈妈办理，这样才能更好地为孕妈妈和胎宝宝的健康做好保障。

胎教早知道

准爸爸需要调动一切浪漫细胞，时不时地给孕妈妈一个惊喜，一束鲜花、一件她心爱的饰品都能让孕妈妈感觉到自己是被呵护的、被疼爱的。

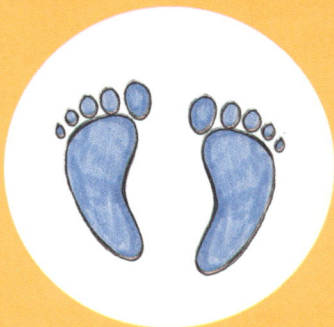

谨慎的4月（13~16周）：真实地感受他

胎宝宝已经在孕妈妈体内安全地安营扎寨了，孕妈妈也不用为身体的不适烦心了，从现在起，就用心享受和胎宝宝在一起的每一个幸福时刻吧。

胎儿的变化

● 胎宝宝这时已经成了真正的"小人"了，身高16厘米左右，体重120克左右；

● 皮肤上开始长出细小的胎毛，骨骼和肌肉也发达了，胳膊已经可以分辨出前臂、肘，手指也长了，腿也比以前长了；

● 已经会用手、足做小游戏了，有时还会像小鱼在孕妈妈腹中游动；

● 这时胎宝宝的内脏也基本发育完成，眼、耳、鼻已完全形成。

母体的变化

● 从这个月起，孕妈妈的腰开始变粗，腹部也开始隆起；

● 孕妈妈的孕期反应到此时已经有所好转；

● 子宫已经逐渐自骨盆向上增长，不再压迫膀胱，尿频的现象也会逐渐消失。

胎教早知道

在这个时期，孕妈妈会明显感觉到胎动。因此，孕妈妈和准爸爸要抓住这段美好时光，迎接这一心动的时刻。

身长16厘米，重约120克。

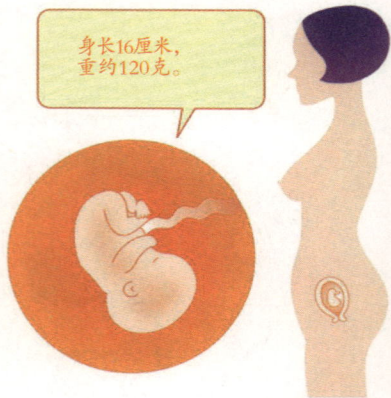

第13周 迅速长大着

这一周开始，
胎盘已经形成，
可以为更好地小宝贝提供营养，
所以小家伙也在迅速长大着，
视觉、皮肤、内脏都会有明显的变化，
重要的是小家伙的个头也大了不少呢。

完美营养：早孕症状消失后的营养胎教

为了胎宝宝的健康发育，为了胎教的顺利进行，注意营养的摄取，保持膳食的均衡，学会"吃"照样可以有个好胎教。

◎ 培养良好的饮食习惯

孕妈妈在饮食中要养成一个良好的习惯，这样才会有助于胎宝宝营养的吸收，胎宝宝有了好身体，才会认真地学知识。

● 孕妈妈要合理地安排吃饭的时间，早餐应该在7～8点，午餐在12点左右，晚餐应该在6～7点。

● 三餐的营养要均衡，每天最好能吃25种不同的食物，不要偏食。

● 孕妈妈要少吃那些加工过的食物，如膨化食品、各种话梅等，多吃原始食物，如五谷、青菜、新鲜水果等。

● 孕妈妈在吃饭的过程中，心态要保持从容，心情要愉快。

◎ 好营养补出胎宝宝好智慧

孕妈妈的营养摄取直接关系到胎宝宝的大脑发育，而营养素中的锌、铁、碘更是胎宝宝大脑发育不可或缺的营养。

胎教早知道

孕妈妈在吃饭的时候一定要保证进餐环境的安静与舒适，这样更有利于营养物质的消化与吸收。

营养元素	孕妈妈缺少的危害	食物来源
锌	增加畸胎发生率，还会影响胎儿脑细胞的生长、发育和成熟	动物肝脏、海产品、鱼类等食物
碘	阻碍胎儿脑细胞成熟，使智力发育迟缓或运动神经不协调	含碘丰富的食物主要是海带、海藻、紫菜、海虾、海鱼等海产品以及食用加碘盐

运动进行时：盆骨运动让孕妈妈更健康

　　孕妈妈的行动越来越不方便了，不是腰疼就是背疼，而且这些疼痛还会直接影响孕妈妈的心情，抽空练习一下盆骨运动，可以帮你很好地缓解这些问题。

◎ 运动要有侧重点

　　在孕中期，孕妈妈应根据身体变化，侧重锻炼腰背部和盆骨区域，这样有助于保持孕妈妈肌肉的力量，维持关节的稳固性，增加盆骨肌肉群的张力和韧性，而且这些运动还可以缓解身体各部位的疼痛感，对孕妈妈的分娩及产后恢复都有很大帮助。

◎ 盆骨运动 ING

　　是不是还被腰酸背痛困扰着，那就躺在床上做做这个盆骨运动吧。

1. 孕妈妈平躺在床上，双手放在身体两侧，掌心朝下。

2. 孕妈妈屈膝抬起臀部，尽量将臀部抬高，注意调整好呼吸。

3. 腿慢慢落下，最后动作还原。

　　这个运动能够加强孕妈妈盆骨关节和腰部肌肉的柔软性，对分娩也有很大的帮助，这个动作孕妈妈产后也可以坚持做，可以恢复体形。

胎教早知道

　　孕妈妈在做运动的时候，一定要根据自身状况量力而行，不要勉强自己。

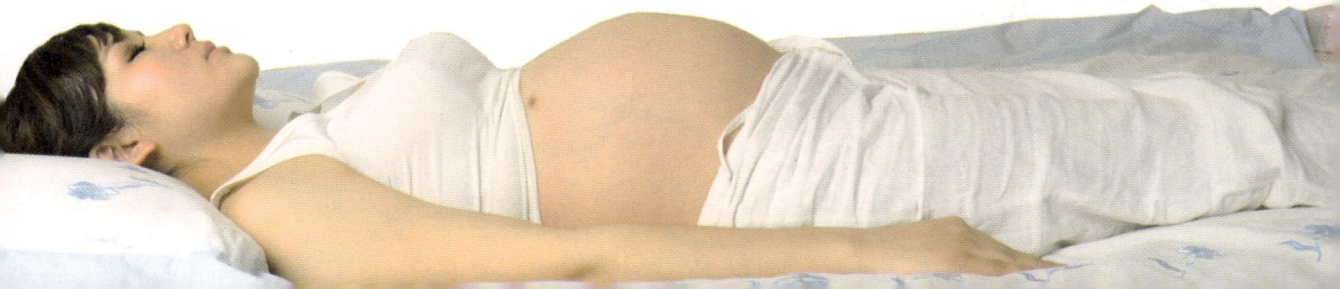

手工生活：亲手DIY宝宝的用品

为胎宝宝做日用品？没错，今天，就是教你如何在DIY中体验生活的乐趣、在DIY中感受亲情的力量。还犹豫什么，让我们现在就开始吧！

◎ 爱心肚兜

材料：棉布两块（一个做面，一个做衬里）、剪刀、线、针。

制作方法：

1. 两块棉布剪成50厘米×50厘米的正方形。

2. 把这两块棉布重叠在一起，然后对折成三角形。

3. 三角形最上边的折角剪出脖子的形状，下边两个角剪出椭圆形。

4. 打开之后里和面侧在里侧缝在一起，在脖子上、腰上两个对角处缝上带子，就可以使用了。

胎教早知道

孕妈妈可以为自己将要出生的胎宝宝做一些生活用品或者是玩具，在制作的过程中，孕妈妈那种对宝宝的爱就会传染给胎宝宝，从而加深母子之间的关系。

美育胎教：绘画——提升胎宝宝的艺术细胞

画一张简单的简笔画或者漫无目的地涂鸦，抑或是用彩笔在雪白的画纸上将自己的感情表达出来，都可以潜移默化地提高胎宝宝的艺术细胞。

◎ 用画笔激发胎宝宝的大脑

拿起画笔，画一些漂亮的花花草草、可爱的小动物……不仅能提高孕妈妈的审美能力，让你产生美的感受，还能通过画笔促进胎宝宝艺术细胞的发育。因此，孕妈妈不妨每天抽点儿时间，多拿起画笔为胎宝宝描述一下这个美丽又奇妙的世界。即使不会画，也不要急，只要用心画了，就是最美丽的图画。

◎ 画出自己的五彩世界

可以尝试着用蜡笔颜料和彩色铅笔绘画。蓝天、白云或小动物等都可作为素材。孕妈妈在画画的时候，不要在意自己是否画得好，只要认真画就行，你可以是随便地涂鸦，也可以是认真的创作，或者是画画胎宝宝的 B 超图，这是你留给胎宝宝的第一张照片，当你画好你的作品时，一定不要忘记向胎宝宝展示你的作品，胎宝宝喜欢你为他做的所有的一切。

胎教早知道

孕妈妈通过"教宝宝涂鸦作画"的方式，不仅可以向宝宝传递深深的爱，还能培养未来宝宝的艺术气质。

音乐之旅：给胎宝宝唱首歌吧

　　科学家们发现，原来最好的胎教音乐竟然是孕妈咪们亲口唱的歌！所以，孕妈咪们，别不好意思啦，赶紧多给宝宝唱些歌吧，让宝宝在肚肚里就感受到妈妈的呵护！

◎ 孕妈妈的歌声是最好的胎教音乐

　　之所以这么说是因为孕妈妈的歌声能使胎宝宝获得感觉与感情的双重满足。美国产前心理学会主席卡来特教授曾说："孕期母亲经常唱歌，对胎儿相当于一种'产前免疫'，可为其提供重要的记忆印象，不仅有助于胎儿体格生长，更有益于智力发育。"这么说是因为当孕妈妈唱歌时，声带的振动使肺部扩张，肺活量增加，血液氧含量提高，从而为胎儿奠定良好的营养基础。同时，孕妈妈唱歌时会感到愉悦欢畅，也可使体内神经内分泌系统处于良好状态，提供给胎儿一个优越的发育环境，使其先天充足，日后健康聪慧。

◎ 歌唱胎教的形式

　　孕妈妈给胎宝宝唱歌主要应以轻声哼唱为主，比如如果你感到胎宝宝在腹内烦躁不安，胎动过于频繁时可采用此方法安抚宝宝。孕妈妈用歌声轻抚宝宝全身，让宝宝静静听你的歌声，从而达到母子之间心音的谐振。

胎教早知道

　　孕妈妈给胎宝宝哼唱的歌曲没有什么要求，只要是能够让孕妈妈感到心情愉悦欢快就好，从而利用"母子连心"也让胎宝宝感受到良好的气氛。

第14周 出现指纹了

在这一周，
小家伙又有了新的变化，
那就是在他的手指上
开始长出了只属于他自己的指纹。
怎么样，
从现在起，
小家伙或真的与众不同了呢。

胎教情报站：揭开胎儿大脑发育的奥秘

胎宝宝从一个细胞发育到能哭、能笑、能爬……在这40周中，不仅他的身体在不断变化，大脑更是在不停地发育、发育再发育，那么作为孕妈妈的你，知道这其中的奥秘吗？

◎ 胎宝宝的大脑发育过程

● 妊娠第20天左右，胎宝宝的大脑原基出现。

● 2个月时，胎宝宝的轮廓已经很明显。

● 3个月时，胎宝宝的脑细胞发育进入第一个高峰时期。

● 4~5月时，胎宝宝的脑细胞仍处于高峰时期，这时还会出现记忆痕迹。

● 6个月时，大脑皮层的层次结构也基本定形，脑细胞已经形成140亿个，具备了一生的脑细胞数量。

● 7个月时，大脑中主持知觉和运动的神经已经比较发达，开始具有思维和记忆的能力。

● 8个月，大脑皮层更为发达，表面的主要沟回已经完全形成，成了真正意义上的大脑。

◎ 孕妈妈吃什么，宝贝更聪明

为了能让宝贝在胎儿时期大脑发育更好，孕妈妈应适当多吃那些富含卵磷脂的食物，比如蛋黄、大豆、鱼头、芝麻、蘑菇、山药、木耳、小鱼、动物肝脏、玉米油、坚果等。但聪明的宝宝需要均衡的营养，所以孕妈妈不可为此而忽略了其他食物。

胎教早知道

胎宝宝的大脑在胎儿时期，就已经输入了生存不可缺少的信息以及自然万物的知识。

运动进行时：腹肌运动让你更自信

运动时间又到了，一天一个小运动不但可以让你的孕期生活变得更加丰富多彩，还能增强孕妈妈的自信心，镇定自若地与孕期不适过过招。

◎ 本月运动胎教方案：腹肌运动

为了让孕妈妈的身体更健康，可以试试下面这个腹肌运动，经常练习可以很好地改善孕妈妈胎位不正和难产的问题，还能让孕妈妈变得更加自信。下面就一起学学这套腹肌运动吧。

1. 平躺床上，右腿屈膝，然后伸展；左腿屈膝，然后伸展；左右各做 10 次。

2. 平躺床上，双腿屈膝，单腿上抬，然后放下，再换另一腿上抬，放下，左右各做 10 次。

这个动作可以在每天睡觉前做，能增强腹肌的收缩力量，避免孕妈妈由于腹壁松弛而造成的不正和难产。孕妈妈在做这个动作时，可以根据自身状况，适当减小动作幅度。

◎ 腹肌运动安全指南

● 孕妈妈做这个动作时，要根据自身的状况，逐日增加或者是减少运动量，不可勉强自己。

● 运动达到身体微微发热，稍有睡意即可，不要再增加运动量。

● 孕妈妈如果感到肚子发胀，或者是身体不舒服的时候，就不要做这个运动了，可以改成散步。

胎教早知道

在做腹肌运动时，要注意呼吸，尽量不要用腹部呼吸，以免影响胎宝宝。

温馨叮咛：孕妈妈外出旅行有一套

到了轻松的孕中期，孕妈妈的日程安排表里，除了散步、瑜伽、游泳之外，还可以给自己制订一个出游计划，带上腹中的宝宝，一起享受清新的空气、温暖的阳光。

◎ 旅游地点要规划好

为了确保孕妈妈和胎宝宝的安全，最好选择附近的景点或全程走高速公路能到达的近郊景点。如果孕妈妈打算跟团旅游，一定要事先咨询清楚旅行社的行程，对于行程过于紧凑或是活动内容比较刺激的项目，孕妈妈则不宜参加。也要尽量避免到海边度假，更不要享受海水浴。因为海水温度较低，孕妈妈受凉后，子宫容易收缩，易发生意外。

◎ 随身衣物要备全

为了让自己玩得开心、舒心，孕妈妈应为自己准备几套适合出行的鞋和服装，衣服以宽松、易整理、不易起皱、透气吸湿、保暖性好的棉麻孕妇装为主，鞋子需要换上合脚且防滑的平底鞋。另外，最好随身携带一个枕头或是软垫，待孕妈妈感觉疲劳时可以在车内稍事休息一下。

◎ 饮食卫生要把关

在旅行期间，饮食上一定要注意卫生，避免吃刺激或是不干净的食物，以免出现腹泻、发烧、脱水等症状，进而给胎宝宝造成伤害，甚至导致流产。

胎教早知道

在旅行的过程中，为了使孕妈妈摆脱失眠的困扰，应选择舒适、干净的居住环境；另外，睡前用温水泡泡脚，可促进血液循环，消除腿部疲劳。

靓丽孕妈咪：漂亮头发护理妙招

　　爱美是女人的天性，孕妈妈也不例外。也许孕妈妈会问："孕期如何打理自己的头发？有没有既不伤害头发，更不伤害宝宝的护发方法呢？"其实，只要方法得当，同样可以成为最靓丽的孕妈咪。

◎ 留意秀发的变化

　　怀孕期间，孕妈妈身体会发生很大变化，就连头发也不例外。由于体内雌激素的增加，延长了头发的生长期，所以，头发生长的会更加茂盛。而且，原本应在正常休止期脱落的头发也不脱落了，因此看起来格外浓密亮泽。

◎ 健康护发小窍门

　　● 洗发水的选择。孕妈妈皮肤十分敏感，为了防止刺激头皮、影响胎宝宝，孕妈妈要选择适合自己发质且比较温和的洗发水。

　　● 发型的打造。孕妈妈最好选用类似于卷得易、卷发器的 DIY 电动烫发器来给头发做造型，为了保险起见，不要在孕前期烫、染发。

　　● 洗发后的护理。孕妈妈洗完头发后，可以选择吸水性比较强的干发帽、干发巾。虽说可以使用电吹风，但是最好在怀孕前 3 个月以后再使用。

胎教早知道

　　分娩后，孕妈妈体内性激素的比例会恢复到孕前状态，原本延长了生长期的头发，会和正常到达休止期的头发一起脱落，这样一来孕妈妈就会感觉头发掉的比较多。有 35%~40% 的女性会发生这种情况，这是孕期的正常现象，完全不必担心。

聪明妈妈教出聪明宝宝：跟宝宝玩"数独"（3）

这个时候的胎宝宝脑细胞越来越活跃，对知识的渴求也越来越强烈，为了进一步开发胎宝宝的智力，孕妈妈可万万不能偷懒，让我们继续来做数九宫格的游戏吧。

（1）

8		3				6		
9	2					3	1	
				8				
	6			2	8			
		5				4		
			9	1			8	
				5				
	9	7					6	
		6				9		5

答案 →

8	7	3	2	9	1	6	5	4
9	2	4	5	6	7	3	1	8
6	5	1	3	8	4	2	9	7
7	4	9	6	2	8	5	3	1
1	8	5	7	3	6	4	2	9
4	3	2	9	1	5	7	8	6
2	4	8	6	5	9	1	7	3
5	9	7	1	4	3	8	6	2
3	1	6	8	7	2	9	4	5

（2）

		8	7					6
			5				2	
			6			1	3	
					1	3	7	
	5			4		2		
2	9	3						
		1		7		8	4	
	1			9	2			
7				4	9			

答案 →

9	2	8	7	1	3	5	4	6
6	3	1	5	4	8	7	2	9
4	5	7	9	6	2	8	1	3
8	4	6	2	9	5	1	3	7
1	7	5	8	3	6	4	9	2
2	9	3	4	7	1	6	5	8
5	6	9	1	2	7	3	8	4
3	1	4	6	8	9	2	7	5
7	8	2	3	5	4	9	6	1

第15周　感受更真实了

在这一周，
小宝贝的生长速度依然保持高速，
且远远超过了前几周。
现在看着越来越"有样"的肚子，
孕妈妈是不是有了越来越真实的感受了呢？

对话胎教：在家务中就可以进行

进入孕中期之后，孕妈妈身体各方面的情况都比较良好，这时可以适当做点儿家务，在做家务的同时，孕妈妈可以在"喃喃"的嘱咐中让胎宝宝也加进来，这样既做了语言胎教，又做了运动。

◎ 让胎宝宝也参与到家务中

孕妈妈在做家务时，可以很好地利用这个时间进行对话胎教，这时胎宝宝正躲在你的子宫里，听你在做什么，你可以把你所干的活讲给胎宝宝听。如孕妈妈在洗碗筷的时候，可以告诉宝宝今天吃的什么饭？饭菜是谁做的？好吃吗？……还可以向胎宝宝描述家是什么样，你还可以说说你在家里的感觉，这样胎宝宝就融入到家务中了。孕妈妈在家务中进行语言胎教，可以让乏味的家务变得更有趣，因为有胎宝宝的参与。

◎ 孕妈妈的家务小学问

在家务中与胎宝宝聊天，是不是很有意思，但孕妈妈做家务也是有学问的，可不要让这个快乐的时光变成危险事件。

● 做饭时尽量不用手直接浸入冷水中，厨房要有好的抽烟装置，不要让油烟危害胎宝宝。

● 洗衣服时不可用搓板顶着腹部，以免胎儿受压，也不宜用洗衣粉和冷水。

● 购物不宜多，不超过5千克。不要在城市人流高峰时间去挤公共汽车，更不要到人群密集的地方去。

胎教早知道

擦抹家具时，应尽量不弯腰，妊娠晚期更不可弯腰干活儿，以免胎宝宝受到挤压。

胎教情报站：幸福的芳香胎教

芳香就像一把神秘的"钥匙"，它不但能激活埋藏在孕妈妈体内的愉悦细胞，还能打开胎宝宝的"智慧大门"，今天，就来体验一下这个幸福的芳香之旅吧！

◎ 芳香中的温馨胎教

孕妈妈可不要小看这时候的胎宝宝，他已经能嗅到自身周边的气味了，他和孕妈妈一样，都喜欢迷人的芳香。迷人的芳香不仅对孕妈妈的情绪有良好的帮助，还能刺激胎宝宝的嗅觉发育更完善，从而促进胎宝宝的脑部发育。在我国古代就已经很注重胎儿的芳香胎教，如民间流传的脍炙人口的《七胎道》就有芳香胎教，即应努力让孕妈妈吸入松树林中清新的空气。另外，很多传统的胎教中也提及芳香胎教，如很多地方都强调孕妈妈应该多闻梅花或兰草的芳香，这对胎宝宝的发育是很有利的。

◎ 孕妈妈的神奇芳香体验

胎宝宝这个时期是施行芳香胎教的最佳时间，孕妈妈可以通过生活的中的多种方式对胎宝宝施行芳香胎教。孕妈妈可以在家里自己常待的地方放上喜欢的精油，这样就可以经常沉浸在芳香的包围中；孕妈妈还可以多去大自然中，去闻闻大自然的芳香，大自然芳香中的氧气正是胎宝宝正常生长和发育的必要因素，孕妈妈在闻芳香的时候，一定不要忘了向胎宝宝加以详细的描述。

胎教早知道

有些精油香味对孕妈妈不利，一定要远离。像茉莉、紫苏、薰衣草、肉桂等精油。

温馨叮咛：孕妈妈失眠多梦不要急

多梦，表面上看好像和胎宝宝没有多大关系，其实则不然，孕妈妈如果总是处在多梦状态，不但会影响自身抵抗力，对胎宝宝的健康也会产生不利影响。

◎ 孕妈妈多梦有"心"因

很多孕妈妈由于是初次怀孕，不免会对胎宝宝多几分担心，对分娩多几分恐惧，长此以往，势必会加重心理负担，俗话说，"日有所思，夜有所梦。"说的就是这个道理，而且多梦还会影响孕妈妈的睡眠质量，白天神情倦怠、食量减少，这对胎宝宝的健康是大为不利的。另外，长期多梦还会出现免疫系统不正常，出现情绪抑郁、焦虑……这些都会危害胎宝宝健康，严重时甚至还会增大流产的可能性。

◎ 五招赶走多梦困扰

● 孕妈妈在怀孕期间应该放松心情，不要压力过大。

● 多出去散散步，呼吸一些新鲜空气，可以调整体内的新陈代谢，有助于睡眠。

● 睡觉前可以适当地看看书，读读报，或者是热水泡脚，都是加速睡眠的好办法。

● 夜间不可过度进食，如果确实饥饿，可以适当吃些清淡食物。

● 孕妈妈可以吃些有助于睡眠的食物，如牛奶、水果、小米粥、酸枣仁粥、莲子粉粥等都是不错的选择。

胎教早知道

怀孕期间，为了避免多梦，孕妈妈每天要保持至少半小时的运动，而且还要养成定时睡觉、起床的习惯。

悦读时间：妈妈读散文

散文和音乐一样，容易对人的情绪产生影响，优雅的散文作品让胎宝宝与母亲一起感受文学的趣味，培养艺术的情感，增进大脑的发育。今天孕妈妈可以给胎宝宝读朱自清的散文《匆匆》。

散文和音乐一样，容易对人的情绪产生影响，优雅的散文作品让胎宝宝与母亲一起感受文学的趣味，培养艺术的情感，增进大脑的发育。今天孕妈妈可以给胎宝宝读朱自清的散文《匆匆》。

燕子去了，有再来的时候；杨柳枯了，有再青的时候；桃花谢了，有再开的时候。但是，聪明的，你告诉我，我们的日子为什么一去不复返呢？——是有人偷了他们吗，那是谁？又藏在何处呢？是他们自己逃走了吗，现在又到了哪里呢？

我不知道他们给了我多少日子；但我的手确乎是渐渐空虚了。在默默里算着，八千多日子已经从我手中溜去；像针尖上一滴水滴在大海里，我的日子滴在时间的流里，没有声音，也没有影子。我不禁头涔涔而泪潸潸了。

去的尽管去了，来的尽管来着；去来的中间，又怎样地匆匆呢？早上我起来的时候，小屋里射进两三方斜斜的太阳。太阳他有脚啊，轻轻悄悄地挪移了；我也茫茫然跟着旋转。于是——

洗手的时候，日子从水盆里过去；吃饭的时候，日子从饭碗里过去；默默时，便从凝然的双眼前过去。我觉察他去的匆匆了，伸出手遮挽时，他又从遮挽着的手边过去，天黑时，我躺在床上，他便伶伶俐俐地从我身上跨过，从我脚边飞去了。等我睁开眼和太阳再见，这算又溜走了一日。我掩着面叹息。但是新来的日子的影儿又开始在叹息里闪过了。

在逃去如飞的日子里，在千门万户的世界里的我能做些什么呢？只有徘徊罢了，只有匆匆罢了；在八千多日的匆匆里，除徘徊外，又剩些什么呢？过去的日子如轻烟，被微风吹散了，如薄雾，被初阳蒸融了；我留着些什么痕迹呢？我何曾留着像游丝样的痕迹呢？我赤裸裸来到这世界，转眼间也将赤裸裸的回去罢？但不能平的，为什么偏要白白走这一遭啊？

你聪明的，告诉我，我们的日子为什么一去不复返呢？

爱之手语（4）：宝贝，笑一个

妈妈的微笑是孕期的催化剂，可以加速宝宝的发育，如果宝宝每天也能微笑，那么孕妈妈会更快乐，孕妈妈可以逗逗自己的小宝宝，让他给自己笑一个。

宝贝：1. 右手虚握，然后甩腕，五指张开，掌心要向下。

2. 左手伸出拇指，手背向外。

3. 右手轻怕几下左手背。

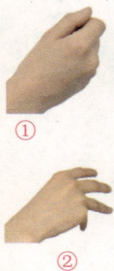

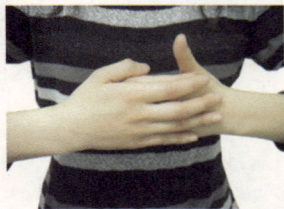

笑：一只手的拇指和食指弯，放在下颚部，脸上露出笑容。

① ②

一：一只手伸出食指，其余四指弯曲。

个：左手拇指和食指与右手食指搭成"个"字。

爱之手语

在手指的轻轻摆动中，胎宝宝会感受到孕妈妈最温暖的呵护、最阳光的微笑。

第16周 我在打嗝吗

也许你还不知道吧，
现在肚子里面的小家伙又有了新本领了，
他已经会"打嗝"了，
别不以为然，
这可是小家伙呼吸的前奏啊。

环境胎教：多和孕妈妈们交朋友

你是善于结交朋友的孕妈妈吗？当孕期生活多了朋友的相伴，一份快乐就会变成两份快乐，一个经验就会变成两个经验。学会组建自己的朋友圈，与她们分享你的点滴孕事，孕期生活自然会变得更加丰富多彩。

◎ 孕妈妈和她的朋友们

孕妈妈在怀孕期间，常会产生很多不良的情绪，如伤悲、愤怒、忧郁、惊恐、焦躁、不安等，这些对胎宝宝的发育是有危害的，其实孕妈妈可以多交些朋友，或者参加孕妈妈俱乐部，从而扩大自己的交际圈，多和其他孕妈妈交流，这样就能充分享受友情的欢乐，感染上积极愉悦的情绪，胎宝宝就会在孕妈妈这些愉悦的情绪中健康地成长。

◎ 在交际中获得快乐

孕妈妈随着产期的越来越接近，行动也越来越不方便，就生怕自己的任何交际会影响胎宝宝的健康，就会尽量减少外出，或者和其他孕妈妈聊天的时间，其实，孕妈妈可以利用产检的时候，多和身边的孕妈妈聊聊天，聊一聊近期的感受，说一说你们如何面对困难，分享一些快乐的生活片断或者一些近期的心得，这对缓解孕妈妈的压力是很有帮助的，孕妈妈还可获得更多的孕产知识。

胎教早知道

孕妈妈要知道生活中的快乐大约50%要归于各种各样的交际中。

靓丽孕妈咪：面部按摩让你"孕"味十足

由于生理上的变化，在这个月，孕妈妈面部皮肤会出现很多让人伤脑筋的小问题：皮肤松弛、粗糙、黑斑、皱纹……为了摆脱这些心病，适当做做面部按摩也可以让你容光焕发、神采飞扬。

● 额部去皱按摩：用双手的中指及无名指放在额心两边，分别自额心向左右两边做小圈按摩。一定要连续按摩，按摩6圈后在左右两边太阳穴上轻轻压一下。

● 眼角鱼尾纹按摩：将左右手的五指分别放在双眼的两个外眼角边，然后沿着下眼眶按摩6小圈，6圈之后绕过眼眶，回到眼角处轻轻按一下。

● 挺括鼻子按摩：用双手的食指自太阳穴沿额头鼻梁滑下，在鼻头两侧做小圈按摩，共按摩8小圈，自上向下按摩。

● 迷人嘴角的按摩：将双手的中指及无名指在嘴角侧做小圈按摩，共按摩8小圈，然后在嘴角两边轻轻压一下。

● 脸颊细腻按摩：将左右手的中指分别沿脸颊四周做大圈按摩，共按摩8圈，然后至太阳穴处轻轻压一下。

● 玉颈的按摩：将左右手的4个指头放在颈部由上向外按摩，自颈部逐步按摩至耳后，一共按摩6圈。

胎教早知道

为了增强护肤效果，孕妈妈每晚睡前洁肤后，要进行3~5分钟的面部按摩，然后再用热毛巾敷一下。

温馨叮咛：孕妈妈口腔不适千万别忍着

牙痛、牙龈出血……一个不小心，快乐的孕期生活就会被这些小插曲打扰了。其实，孕妈妈大可不必担心，了解口腔知识，保持口腔卫生，就会帮你远离口腔问题的困扰！

◎ 你有口腔烦恼吗？

在孕中期，由于受激素分泌的影响，孕妈妈常会出现牙龈充血、肿胀的问题，有的还会出现牙周水肿、牙齿松动、肿疡、牙周炎等问题。而且，随着孕期饮食结构的变化，龋病也是孕妈妈不可避免的困扰。不仅牙齿问题频频告急，孕妈妈营养摄入、正常活动及休息都会因此而受到影响。而且这些病牙中的细菌所产生的毒素还有可能进入血液循环系统，通过胎盘屏障导致胎儿早产、弱小或畸形。所以，对于孕妈妈来说，千万不要忽略口腔保健的工作。

◎ 孕妈妈的护牙行动

● 营养和运动的结合。孕妈妈应该在平时多吃一些含钙食品，如牛奶、小鱼，可以建立坚固牙齿。另外，准妈妈在平时可做上下叩齿动作，可以增强牙齿的坚固性。

● 让刷牙发挥最大作用。孕妈妈在孕期每餐后必须各刷一次牙。如每颗牙的内侧、外侧、咬合面都要刷到，每次刷牙不能少于3分钟。另外，选用刷头小、刷毛软、磨毛的保健牙刷。

● 孕妈妈的牙膏选择。孕妈妈可以选择含氟或含锶的牙膏，适量用氟可以减少龋病和牙周病的发生。

胎教早知道

孕妈妈如果患上口腔炎或者口角炎，可以摄取维生素B_2。如果是牙龈出血，可以多吃新鲜的蔬菜水果，以补充身体对维生素C的需求。

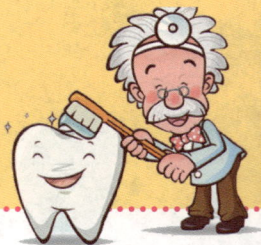

美育胎教：国学让胎宝宝的生活更精彩

国学都是经过历史检验的经典文化，最值得体会和学习，孕妈妈认真专注诵读时，会感觉到古人圣贤的深深思想，孕宝宝也能体会到这种感觉，今天我们就为孕妈妈准备了《三字经》。

三字经（节选）

《三字经》内容涵盖了历史、天文、地理、道德以及一些民间传说，所谓"熟读《三字经》，可知千古事"。

人之初，性本善。性相近，习相远。　　苟不教，性乃迁。教之道，贵以专。

昔孟母，择邻处。子不学，断机杼。　　窦燕山，有义方。教五子，名俱扬。

养不教，父之过。教不严，师之惰。　　子不学，非所宜。幼不学，老何为。

玉不琢，不成器。人不学，不知义。　　为人子，方少时。亲师友，习礼仪。

香九龄，能温席。孝于亲，所当执。　　融四岁，能让梨。弟于长，宜先知。

首孝悌，次见闻。知某数，识某文。　　一而十，十而百。百而千，千而万。

三才者，天地人。三光者，日月星。　　三纲者，君臣义。父子亲，夫妇顺。

曰春夏，曰秋冬。此四时，运不穷。　　曰南北，曰西东。此四方，应乎中。

曰水火，木金土。此五行，本乎数。　　曰仁义，礼智信，此五常，不容紊。

胎教早知道

在对话胎教中，我们可以让胎宝宝很早就接触国学，国学是中国文学史上的国粹，都是经过历史检验的经典文化，最值得体会和学习的，如《论语》或者《大学》，如果孕妈妈觉得太难，就选择《三字经》，这是最简单易懂的，而且读起来还朗朗上口。

描绘一下心中的宝宝（孕4月）

你是不是已经在 B 超屏幕上看到了胎宝宝，B 超屏幕上的胎宝宝和你想象的一样吗？孕妈妈一定要看仔细，这张清晰的 B 超将会成为你与胎宝宝的第一次照面，画好之后，一定要好好保存起来啊！

框框里补字孕妈妈可以在这里贴上胎宝宝的 B 超照片，让它成为宝宝的第一张照片。

本月准爸爸课堂

作为十月怀胎的主力军，准爸爸时时刻刻都扮演着非常重要的角色。今天，你的任务依旧是做好孕妈妈的好助手，积极投入到胎教的每个细节中。

◎ 做好孕妈妈的生活助理

孕期4个月以后，孕妈妈的肚子慢慢地变大了，身体也越来越不灵活了，生活中的很多事都不能做了，准爸爸就要帮助孕妈妈安排好日常生活，负担起家务，让孕妈妈有舒适的生活环境，还要注意孕妈妈的营养，要保证孕妈妈营养的摄取。安抚孕妈妈的情绪依然是准爸爸的主要工作，准爸爸要耐心地开导孕妈妈，让她明白遇事要冷静，要尽自己最大的努力让孕妈妈心情舒畅，享受到家庭的温暖。

◎ 积极参与到胎教中来

这个月是宝宝胎教的黄金时期，准爸爸不但要全力支持孕妈妈的胎教活动，自己也一定要积极地参与到胎教中，让胎宝宝感受到两份爱，这样的胎教才更有效果。准爸爸可以和孕妈妈一起给胎宝宝讲故事，也可以自己给胎宝宝读儿歌，别忘了要经常与胎宝宝说话；还可以陪孕妈妈一起听音乐、玩游戏，这样既可以增加生活的情趣，让孕妈妈有一个好心情，又可以促进孕妈妈腹内胎宝宝的大脑发育。

胎教早知道

准爸爸亲密接触孕妈妈时，动作尽量要轻柔，不能挤压腹部，而且还要有节制。

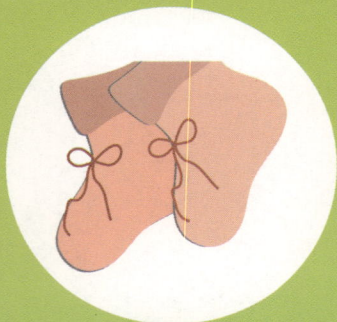

动听的5月（17～20周）：聆听天使的召唤

在这个月，孕妈妈可以明显地感觉到肚子鼓起来了，胎宝宝也会调皮地和你玩起"踢肚游戏"。当你留意这些变化的时候，可别忘了继续和胎宝宝聊聊天、说说话啊。

◎ 胎儿的变化

● 到本月末，胎宝宝体重在 250～300 克之间，身长约 25 厘米，头的大小相当于身长的 1/3；

● 口和鼻的外形逐渐明显，并开始长出头发和指甲；

● 胎宝宝全身被绒毛覆盖着，开始长出褐色的皮下脂肪，皮肤呈不透明的红色；

● 胎宝宝的呼吸肌开始运动，已经具有吞咽及排尿功能；

● 随着胎宝宝骨骼和肌肉的进一步发育，四肢运动开始增强，孕妈妈可以明显感受到胎宝宝的胎动。

◎ 母体的变化

● 孕妈妈的子宫逐渐变大，如成人头一样大小，子宫高度为 17 厘米左右；

● 下腹部明显隆起，腹部偶尔会感到一阵阵的剧痛，这种疼痛由腹部韧带拉伸而引起，有些人还会因此而背疼；

● 从这个月开始，孕妈妈还会微微感到胎动，刚开始也许不太明显，但是肠子会发出蠕动的声音，肚子感觉不舒服，这是了解胎宝宝发育状况的最佳方式；

● 孕妈妈的胸围和臀围变大，体重增加，全身出现水肿现象。

胎教早知道

在这个月，孕妈妈还会明显感觉到口干舌燥、耳鸣，但不发烧，这些都是妊娠引起的正常体内变化。

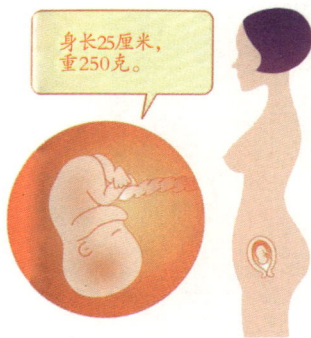

身长25厘米，重250克。

第11周 我是一个小小"窃听者"

17周的胎宝宝看上去就像一个梨子，
可爱又顽皮，
常常用小手抓住肚脐来玩耍。
更惊奇的是，
他现在有了相当的听力，
所以你说出来的秘密可要当心
这个小小的"窃听者"哟。

完美营养：让营养为骨骼发育护航

胎宝宝的生长速度越来越快，尤其是骨骼的生长速度，因此，孕妈妈就要做好钙的储备，为胎宝宝的骨骼发育做好"护航"工作。

◎ 孕妈妈要有健康"钙"念

钙是保证胎宝宝骨骼及牙齿的健康发育的重要营养元素，因此，孕妈妈每天的补钙量应该达到 1200~1500 毫克，如果达不到这个量，就会严重影响胎宝宝的发育，这样出生的孩子容易发生惊厥和佝偻病，智力也会受到影响。钙不仅对胎宝宝的健康有影响，对于孕妈妈也是同样重要，如高血压、难产、骨质疏松、骨盆畸形、牙齿松动等病都是孕妈妈缺钙引起的。因此，为了宝宝和妈妈都健康，每一个孕妈妈都应该树立健康"钙"念。

◎ 孕妈妈补钙小窍门

● 补钙最好分量补，如食用钙片可以选择剂量小的钙片，每天分 2 次或 3 次口服，如 500 毫升牛奶，可分 2～3 次喝。

● 补钙不要在餐后，为了能更好地吸收，应该在睡觉前、两餐之间。

● 补钙同时适量补充维生素 D，这样才能促进钙的吸收，让钙在你的体内起作用。

● 补钙也要科学地补，千万不要盲目过于补钙，如果要服用钙片，最好在医生的指导下服用。

胎教早知道

骨头汤中的含钙量是有限的，而且肉骨头汤中含有很高的脂肪，因此孕妈妈不要将此作为唯一补钙方式。

胎教情报站：多种胎教开始并行

这个月的胎宝宝已经是个能听、能看、有各种感觉的小生命，而且孕妈妈的身体在经历了早孕反应之后，会处于一个很稳定的时期。所以，孕妈妈一定要抓住这段进行胎教的"天赐良机"哦。

◎ 运动胎教上日程

在这个月，孕妈妈可以清楚地感觉到胎动已经比较明显了，而且保持适当舒缓的运动也能增强孕妈妈的身体免疫力，防止被病菌感染，避免孕期并发症的发生，还能刺激胎宝宝大脑功能、躯体运动功能的生长发育。因此，为了胎儿的健康成长，孕妈妈一定要利用好这一时机，把运动胎教提上日程。

◎ 音乐胎教贯穿孕全程

在胎教的过程中，孕妈妈还可以为胎宝宝准备一些轻松的音乐。如果孕妈妈自己能边哼唱一些歌曲边抚摸腹部，更能达到母子心音的谐振。当然，运动胎教的过程中也离不开背景音乐的伴奏，这样不仅可以提高兴趣，还能将锻炼坚持下去。

◎ 语言胎教是必修课

与胎宝宝轻声说话或念一些优美诗文，仍然是本月胎教的必修课。孕妈妈的声音一定要亲切、柔和，而且每天早、晚也要坚持和胎宝宝打个招呼，像"宝宝，早上好"、"宝宝，晚安"等。

胎教早知道

孕妈妈可以根据自身情况，选择柔韧性和灵活性较强的锻炼方式，如瑜伽、游泳、慢跑、健身操等。

聪明妈妈教出聪明宝宝：和胎宝宝认识图形

这个时期的胎宝宝，感官已经发育成熟，视觉、听觉、触觉也都具备，孕妈妈可以对其进行图形教育，这对促进胎宝宝感觉器官的发育非常有好处哦。

◎ 借助身边的小道具

教胎宝宝认识图形时，一定要和生活紧密联系起来。学习长方形时，孕妈妈可以找出身边长方形的实物，用具体实物来说明讲解，孕妈妈可以这样告诉胎宝宝，"冰箱就是长方形，宝宝爱吃的很多东西都存放在这里。"这时孕妈妈就要将这些东西的样子在头脑中成像，然后传递给胎宝宝。

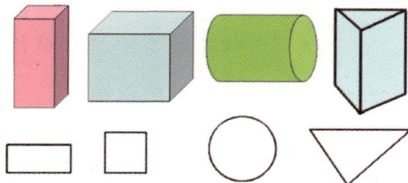

◎ 从平面图形到立体图形

孕妈妈在教胎宝宝认识图形的时候，可以先从平面图形开始，然后再认识立体图形。孕妈妈教胎宝宝认识平面图形时，可以将色彩鲜艳的硬纸剪成几个不同颜色、不同现状的图片，然后拿着这些图片对胎宝宝说："宝宝，你看妈妈手里拿的是什么？是红色的正方形、黄色的长方形、蓝色的三角形。"教胎宝宝认识立体图形时，可以结合生活中的立体图形来进行胎教。比如，你可以指着桌子说："宝宝，桌面是正方形的"，"宝宝的童话书是长方形的"，"妈妈的镜子是圆形的"。

胎教早知道

教胎宝宝认识图形时，还可以用手描绘轮廓，这样就更能加深胎宝宝的印象了。

手工生活：体验折纸的乐趣

　　小船、飞机、花篮、纸鹤、幸运星……这是孕妈妈儿时常玩的折纸游戏，既承载着童年的欢乐，又承载着对未来的希望。今天，孕妈妈可以在折纸鹤的练习中，再次回味儿时的那份童趣，享受一只只小小的千纸鹤送给你的真心祝福……

◎ 小小千纸鹤

1. 正方形纸沿折线对折
2. 再对折
3. 打开袋子并压平
4. 翻转
5. 再打开另一个袋子
6. 两边折向中间
7. 将盖子折下，往上拉开
8. 全部打开还原
9. 利用制造出来的折痕将上面一片往上拉开
10. 拉开过程中将两边折向中间
11. 对齐中间压平
12. 翻转
13. 背面重复步骤6~11
14. 对齐中间折
15. 翻转
16. 再对齐中间折
17. 头及尾巴向内从中折
18. 头部再向内从中折出嘴部
19. 翅膀向两旁拉开
20. 纸鹤完成

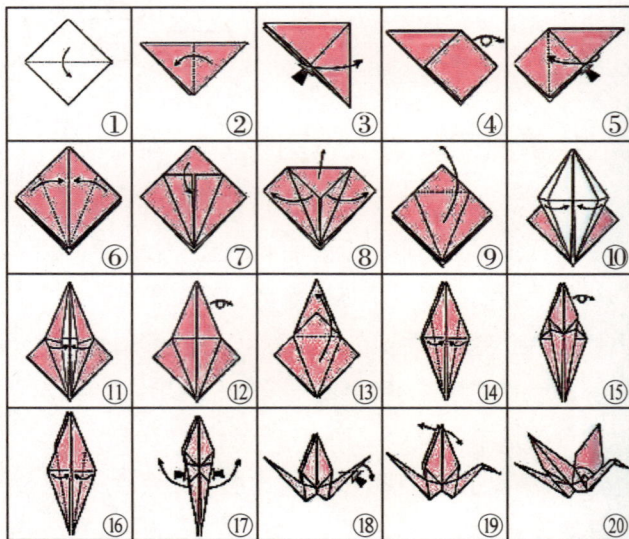

美育胎教：艺术欣赏——玉雕

如果说生活是一片晴朗蓝天，那么艺术就如蓝天上的云霞。用艺术点缀生活，就如用云霞点缀天空。十月怀胎，学会走入艺术的殿堂，孕期之旅一定会绽放不一样的精彩。

玉，是一种质地细密、色泽淡雅、温润光洁的"美石"，种类非常多，有白玉、黄玉、碧玉、翡翠及玛瑙、绿松石、芙蓉石等。在我国古代，玉被当做美好物品的标志和君子风范的象征。玉石经过加工雕琢，成为精美的工艺品，称为玉雕，玉雕是中国最古老的雕刻品种之一。

雕刻师在制作过程中，根据不同玉料的天然颜色和自然形状，经过精心设计、反复琢磨，把玉石雕制成精美的工艺品。通常，玉雕有人物、器具、鸟兽、花卉等大件作品，也有戒指、印章、别针、饰物等小件作品。图中这幅作品出自上海玉雕大师吴灶发之手，该作品造型简洁、传神，富有浓郁的生活气息。

抚摸胎教：时不时地摸摸他

在怀孕期间，孕妈妈经常抚摸一下腹内的胎儿，可以激发胎儿运动的积极性，并且可以感觉到胎儿在腹内活动时发回给孕妈妈的信号。

◎ 给胎宝宝爱的抚摸

在这个月，多数孕妈妈可以感觉到胎动了，在抚摸的时候，一定要注意胎宝宝的反应。孕妈妈依靠在床上或坐在沙发上，放松全身，用手捧着腹部，从上而下，从左到右，反复轻轻抚摸，然后再用一个手指反复轻压。当你抚摸的时候，一定要时刻留意胎宝宝的反应，如果胎宝宝对抚摸刺激不满意，就会出现骚动或用力蹬踢，孕妈妈就要立刻停止抚摸。如果胎宝宝在孕妈妈的抚摸下，出现轻轻的蠕动，则表示胎宝宝很满意哦。

◎ 轻推——让胎宝宝与孕妈妈更亲密

在抚摸的基础上，孕妈妈可以用手轻轻推动胎宝宝，胎宝宝很可能会出现踢妈妈腹壁的动作，这时用手轻轻拍打胎宝宝踢的部位，胎宝宝第二次踢腹壁，然后再用手轻轻拍打胎宝宝踢的部位，出现第三次踢腹壁，渐渐形成条件反射，当孕妈妈用手轻轻拍打胎宝宝时，胎宝宝会向你拍的部位踢去，注意轻拍的位置不要距原来的位置太远。

胎教早知道

孕妈妈如果有流产和早产迹象，不宜进行抚摸和轻推胎教。

第18周 激动人心的胎动

"宝宝动了，宝宝动了。"
当你第一次真真实实感受到
来自那个小生命的信息时一定激动不已。
没错，
从现在开始，
胎宝宝的力气越发的大起来，
而你则可以轻轻地抚摸他，
陪着他慢慢长大……

胎教情报站：胎动是怎么回事

"太棒了！宝宝动了！"当孕妈妈第一次感觉到胎宝宝有力的胎动时，那种从心底里流露出的惊喜，真是奇妙又难忘。

◎ 难忘的第一次胎动

从这个月开始，孕妈妈可以明显感觉到胎宝宝的胎动，胎动是胎宝宝在子宫内做呼吸、张嘴、伸手、踢腿、翻滚这些活动时冲击到子宫壁时的动作，是胎宝宝健康的指标。事实上，在胎宝宝形成之初，就已有胎动了，只是这时胎宝宝还太小，再加上有羊水的阻隔，孕妈妈通常感觉不到。

◎ 这个时候胎宝宝最爱动

了解胎宝宝在什么时候胎动最活跃，不仅能知晓胎宝宝的健康状况，还能让孕妈妈更好地体会这份珍贵的感受。

● 胎宝宝受到音乐的刺激时，会变得好动，这是他传达情绪的一种方法。

● 饭后，孕妈妈血糖含量增加，宝宝"吃饱喝足"也有了力气，胎动也频繁一些。

● 当家人和胎宝宝说话时，他会用胎动的方式来回应。

● 晚上睡觉前，胎宝宝比较有精神，动得也最多，孕妈妈静下体会的话，对胎动的感觉会比较灵敏。

胎教早知道

通常，孕妈妈平均一天的正常胎动次数由孕24周的200次增加到孕32周的近600次。随着胎宝宝体型的增大、羊水量的减少，将近足月时，胎动会变得越来越少。但是，出现胎动明显减缓、减少，甚至突然停止等异常现象，就应及时去医院做检查。

温馨叮咛：上班族孕妈妈要警惕危险源

怀孕后，孕妈妈最在意的就是腹中的胎宝宝，你的每一根神经都会被他牵动着。因此，为胎宝宝营造一个安全、舒适的受孕环境，远离危险源的干扰则成了你的首要任务。

◎ 你远离这些危险源了吗

怀胎十月，对于职场孕妈妈来说，一边要坚持繁忙的工作，一边要顾及腹中胎儿的健康，远离身边的危险源则成为职业孕妈妈的当务之急。然而，又有多少职业孕妈妈真正了解哪些办公设备或是办公环境存在危险隐患呢？看过下面这个"黑名单"，你就心中有数了。

危险源	对孕妈妈的危害	应对妙招
电脑	电脑显示器散发出的电磁辐射会损伤胚胎的微细结构。每周上机 20 小时以上，流产率增加 80％，生出畸形胎儿的机会也大大增加	尽量远离电脑，加强通风及活动，做好防辐措施
电话	电话听筒上 2/3 是办公室里传播感冒和腹泻的主要途径	应该减少打电话的次数，或者是经常用酒精擦拭一下听筒和键盘
空调	长期在空调环境里工作的人很容易头痛而且特别容易感冒	定时开窗通风，排放毒气，尽量每隔两三小时到室外待一会儿，呼吸几口新鲜空气
复印机	复印机产生出的臭氧使孕妈妈头痛和晕眩，有些过敏体质的孕妈妈会因此发生咳嗽，哮喘	孕妈妈要尽量减少与复印机打交道。平时还应注意适当增加含维生素 E 的饮食
噪音	孕妈妈长期受噪声刺激，会影响胎儿及新生儿身体及神经系统发育	孕妈妈应远离噪声环境

运动进行时：做一做提肛运动

痔疮是很多孕妈妈躲不过的一大烦恼，可是为了胎宝宝的健康发育，这个不能吃，那个也不能用。其实，做一做提肛运动，照样可以变痛苦为享受。

◎ 痔疮到底是怎么回事

女性怀孕后，体内静脉压力会升高，血管壁弹性也会随之降低，很容易导致直肠下段和肛门周围的静脉充血膨大而形成痔疮。而且，在孕期，随着体内孕酮的增加，胃动素会下降，就会减慢胃肠道蠕动，因此，孕妈妈很容易出现便秘、排便困难、腹内压力增高等现象，这也是痔疮发生的一个原因。另外，孕妈妈活动量小，胃肠蠕动慢，大便容易秘结，使静脉回流更为不畅，更容易形成痔疮。

◎ 提肛运动 ING

提肛运动可以很好地改善盆腔的血液循环，增强肛门括约肌的收缩能力，因此，孕妈妈可以根据自身情况，适时进行提肛运动的锻炼，从而远离痔疮，轻松拥有好孕程。

● 孕妈妈可以在任何时候进行提肛运动，如坐、卧和站立姿势都可以。

● 做好准备后，就要让自己的思想集中，然后慢慢地收腹，呼气。

● 体内的气体全部呼出后，屏住呼吸并保持收提肛门 2 ～ 3 秒，放松身体，同时自然呼吸。

● 放松 2 ～ 3 秒后，重复以上动作。每日 1 ～ 2 次，每次 30 下或 5 分钟。

胎教早知道

孕妈妈在晚睡前或起床前，躺在床上提肛 5~6 次，大小便后紧接着提肛 16 次，可以有效预防痔疮。

环境胎教：全家动员参与胎教

自从怀了宝宝，是不是全家人都高兴得合不上嘴呢？一会儿爷爷来催："该听音乐了！"一会儿奶奶又说："别忘了抚摩肚子。"晚饭后，准爸爸也不忘每天的必修课。真是一派全家总动员的胎教场景啊！

◎ 胎教是全家人的事

每个家庭的小宝宝都具有特殊地位，因此，家里上上下下对胎教都非常关注。而且胎教又是一个很有系统的工程，所以，需要家庭成员的密切配合，尤其是家里的长辈更应该参加到胎教中，支持孕妈妈的胎教活动，做好孕妈妈的得力助手。比如说，在给胎宝宝起小名的时候，就可以全家进行讨论商议。

◎ 全家一起做胎教

● 在实施胎教时，新老两代对胎教认识不可避免地会存在差异。因此，长辈和年轻小夫妻一定要在胎教理论认知上达成共识，正确理解胎教的科学内涵，以确保科学胎教的有效进行。

● 进行胎教的过程中，长辈意见固然重要，但是父母的意见最为重要，因为实施胎教最基础的条件之一就是根据父母特长和优势来进行。父母有文学天赋，可以多朗诵优美文章；有音乐天赋，可以多放轻缓优美的乐曲，这样做都可以激发宝宝的早期潜能。

● 优质胎教离不开一个好环境，因此，家中成员要保持一个和睦、理解和尊重的关系。做到这样，科学胎教才会有保证。

胎教早知道

在选择胎教培训机构上，全家需要统一意见，慎重选择，不能随意地多家尝试。

123

手工生活：画一幅简笔画

有趣的涂鸦、可爱的漫画，让人会心微笑、童心大发。孕妈妈可以一边读着儿歌，一边给胎宝宝画一幅简笔画，寄托你对无限美好的祝愿。

萝卜

1. 一个圆月亮。

2. 头上戴着蝴蝶结。

3. 身下长出小尾巴。

4. 尾巴上面长出小胡须。

萝卜

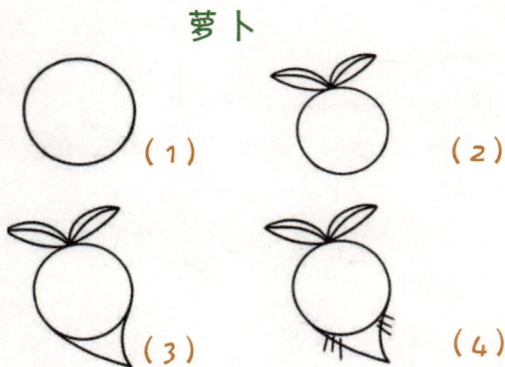

长裤

1. 纤纤小细腰。

2. 撑起一座桥。

3. 桥下尖尖塔。

4. 变成宽腿裤。

长裤

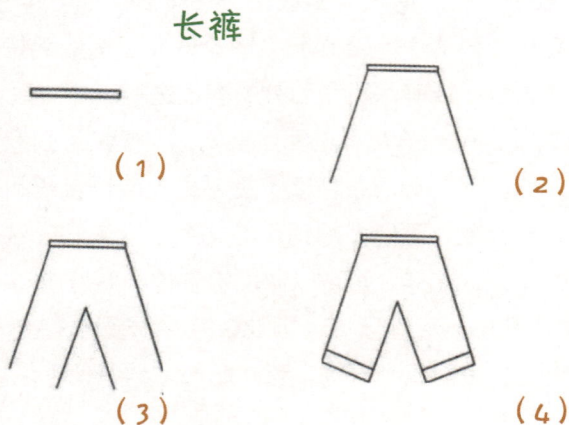

聪明妈妈教出聪明宝宝：跟宝宝玩"数独"（4）

　　胎宝宝的大脑发育还在进行中，孕妈妈保持活跃的思维和灵动的头脑，对胎宝宝的智力发育影响是很大的。今天，我们接着做九宫格游戏，让你的聪明成就胎宝宝的聪明！

（1）

		5	3				6	
	9	1			4			5
7	8			2		3		
2			5		9		7	
		3		7		8		
	4		8		2			6
		2		9			3	
6			2			1	5	
	3				8	9		

答案 →

4	2	5	3	8	1	7	6	9
3	9	1	7	6	4	2	8	5
7	8	6	9	2	5	3	4	1
2	6	8	5	1	9	4	7	3
5	1	3	4	7	6	8	9	2
9	4	7	8	3	2	5	1	6
8	5	2	1	9	7	6	3	4
6	7	9	2	4	3	1	5	8
1	3	4	6	5	8	9	2	7

（2）

	7		6			8		
9				1				6
	5			2			7	
	3				6			
5			7		9			1
		2					3	
	6			9		5		
1			8					9
		5			3		2	

答案 →

3	7	1	6	4	5	8	9	2
9	2	8	3	7	1	4	5	6
6	5	4	9	2	8	1	7	3
7	3	9	2	1	4	6	8	5
5	8	6	7	3	9	2	4	1
4	1	2	5	8	6	9	3	7
2	6	3	4	9	7	5	1	8
1	4	7	8	5	2	3	6	9
8	9	5	1	6	3	7	2	4

第19周 小王子还是小公主

在本周，
胎宝宝不仅每天忙着伸胳膊伸腿地闹腾，
而且还已经有性别了。
这就是说你肚子里的小家伙到底是个
小王子还是个小公主已经完全敲定了，
他（或她）正在努力长大，
准备给你更多的惊喜呢。

温馨叮咛：居家学会自我保护

- -

　　孕妈妈是全家人的保护对象，生活中也是处处有优惠权，但是除了周围人的保护外，孕妈妈自己在家时也要学点儿保护措施，最平常的肢体小动作就更要万分留意了。

- -

◎ 孕妈妈如何躺卧

　　孕妈妈在躺的时候，不能直接后仰躺下，而应用一只胳膊作支撑，然后屈肘，从侧面躺下。最好在肚子下面垫一个小垫子，这样可避免背部弯曲过度。

◎ 孕妈妈如何坐立

● 孕妈妈坐下时，先用手在大腿或是扶手上支撑一下，然后再慢慢地坐下。

● 坐在椅子上时，后背要笔直地靠在椅背上，大腿与地平线保持平行，必要时在后腰处放一个小枕头。

● 如果条件不允许坐，孕妈妈应选择一种让身体感觉舒适的站立姿势，收缩臀部，把身体重心放到脚跟上，期间不时地换腿。

◎ 孕妈妈如何弯腰起身

● 孕妈妈在做弯腰的动作前，先将两脚前后叉开一小步，然后再慢慢蹲下去，切不可直接弯腰下去，以免压迫到胎宝宝。

● 起身时，同样需要慢慢来，不能直接起身，而应该先侧身，然后肩部前倾、屈膝，接着用胳膊肘作支撑将身体撑起。

聪明妈妈教出聪明宝宝：开始学数学了

胎宝宝也要学数学？没错！对胎宝宝进行数学胎教，不但可以提高孩子的情商，还能加深孩子出生后与父母的感情。当然，一定要注意方式方法，这样才能取得事半功倍的效果哦。

◎ 闪光卡片教学法

孕妈妈可以制作一些卡片，把要让胎宝宝认识的数字写在这些颜色鲜艳的卡片上，卡片的底色与卡片上的字分别采用反衬度鲜明的颜色，如黑和白、红和绿等。孕妈妈在使用这种方法时应精力集中，全神贯注，就像教小学生识字一样，一边念，一边用手沿着数字的轮廓反复描画。

◎ 形象教学法

在学习数字时候，为了加深胎宝宝的印象，孕妈妈可以加入形象的描述方法，"1"可以联想"竖起来的铅笔"、"一根电线杆"、"食指"、"英文字母I"等，也可以用自己身旁的具体的"物"来表示"1"的意思，如一个苹果、一只小狗、一个书包……在教胎宝宝简单的加法时，也可以用形象的联想法，如告诉胎宝宝1加1等于2时，孕妈妈可以说妈妈有一个红苹果，如果爸爸给我一个黄苹果，那么，宝宝就有两个苹果了，这样胎宝宝就能记住了。不过每天学习的数字不要太多，5个就足够了，否则胎宝宝是记不住的。

胎教早知道

孕妈妈在进行数学胎教时，要和胎儿一起思考，不要拘泥于"记住数字以后，再教算术"的这个常规。

情绪胎教：给胎宝宝取个小名

孕期都要过半了，是否想过给胎宝宝取个小名呢？一个亲昵的小名、一声亲切的呼唤，寄托了父母对宝宝的浓浓爱意，也表达了父母对宝宝的美好希望，更是父母送给孩子的一份爱的礼物。

◎ 一个称呼，传递无限的爱

当胎宝宝有了自己的小名，孕妈妈就可以随时随地让他参与到你的生活中来，让他成为你生活中不可缺少的一部分，如你在散步的时候可以和胎宝宝说，"宝宝，我们在散步呢！周围有许多美丽的花朵。"或者在吃饭的时候对胎宝宝说，"宝宝，今天的饭是爸爸精心给咱们准备的，你闻见香味了吗？"……

◎ 小名让胎宝宝更聪明

有这样一个实验：在孕期给胎宝宝起个小名，并经常呼唤他，宝宝出生以后，当听到呼唤小名时，会突然停止吃奶，甚至会露出高兴的表情。如果孕妈妈和准爸爸每次在与胎宝宝交流前，都用胎宝宝的小名充满爱意地跟他打招呼，那么胎宝宝出生后，每次听到同样的呼唤会感到熟悉和亲切，在新的环境中不会感到紧张和不安；多呼唤胎宝宝的小名，对宝宝日后语言和智力的发展也有着很重要的意义。

胎教早知道

家人在给胎宝宝起小名的时候，只要能很好地表达出你们的爱意就是最棒的名字。

悦读时间：给胎宝宝读古诗《小池》

古诗是我国古典文化的精华，不仅语言优美，而且富有博大精深的内涵，可以说，古诗就是一种用之不竭的精神财富。向胎宝宝读一些古诗，从小培养他对语言的美感，这种胎教效果一定会奇妙无比。

小 池 杨万里

泉眼无声惜细流，树阴照水爱晴柔。
小荷才露尖尖角，早有蜻蜓立上头。

悦读的艺术

本诗主要是用栩栩如生的笔法描写小池周围的风景，孕妈妈读着这首诗，会有一种仿佛呼吸到大自然的气息。小池那无声的细流，朦胧的树影，刚露头的小荷，荷叶上调皮的蜻蜓，寥寥数笔就勾勒出一幅初夏荷塘风景图，让孕妈妈体会此种美景。

美育胎教：名画欣赏《向日葵》

它的每一瓣花瓣就像一团火焰，它那火红的颜色就像鲜活的生命，这就是无时无刻不追寻着火热太阳的向日葵。陶醉于梵高的《向日葵》，体验充满快乐、活力、追求的人生，你和腹中宝宝的生命力也会因此而绽放……

花瓶里的向日葵呈现出令人心弦震荡的灿烂辉煌，为了追求这种辉煌的色彩效果，画家梵高用多角度的黄色来描绘向日葵，黄色的背景、黄色的花瓶、黄色的花，深黄、浅黄、柠檬黄、橘黄、土黄……配一点儿天蓝色的花蕊和天空，让整幅画呈现出一种明亮而又强烈的生命力，让人感到生活充满了希望。这不仅仅是植物，而是带有原始冲动和热情的生命体。孕妈妈在欣赏这些名画时，可以深入理解其背景和含义，从多个方面提高自己的艺术修养水平。

爱之手语（5）：我们去玩吧！

一个小动作、一个小游戏，都会在无形之中紧紧牵住孕妈妈和胎宝宝，邀请胎宝宝一起出去玩，让这份特殊的关爱无限蔓延吧！

我们：一只手的食指先指向胸部，然后掌心向下，在胸前平行转一圈。

出去：一只手的拇指和小拇指由内向外移动。

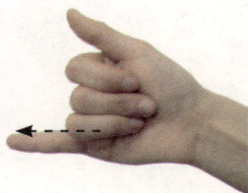

玩玩：双手伸出拇指和小指，交替转动。最后头微微扬起，做出询问的表情。

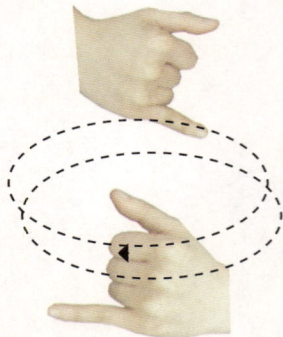

爱之手语

当孕妈妈舞动着纤纤细指，不仅能给母子带来极好的安抚，更是传递爱、沟通心灵的一种语言。

第20周 喜欢温暖的阳光

现在你肯定能感到胎宝宝在不停地运动，
小家伙不时地做一些翻滚的动作，
有时甚至让你坐卧不宁。
怎么办？
那就带着这个"小球"到
户外感受感受温暖的阳光吧。

胎教情报站：悉心留意宫高和腹围的变化

你一定也发现了，随着胎宝宝的逐渐长大，自己的宫高和腹围也正跟着一天天变大。所以，你的宫高和腹围在某种程度上也标志着宝宝的健康与否，那么你当然要多加留意喽。

◎ 测量宫高和腹围的意义

从孕中期开始，孕妈妈每次产检时都会测量宫高和腹围。所谓宫高，是指孕妈妈耻骨联合上缘中点距离子宫底部最高点的长度，反映的是子宫的纵径长度；所谓腹围，则是指孕妈妈经肚脐绕腹部一周的长度，反映的是子宫的横径长度。所以，这两个数据可以间接反映孕妈妈子宫的大小，医生便可以据此判断孕周，了解胎宝宝的生长发育状况。

◎ 怎样测量宫高和腹围

宫高测量：测量宫高前要先排尿，然后平卧于床上，用软尺测量耻骨联合上缘中点至子宫底部的距离。在孕 20 周后，每 4 周测量 1 次；28~35 周，每两周测量 1 次；从 36 周之后，每周测量 1 次。通常医院会将这些数据记录下来，或是绘制成妊娠图，以观察胎儿发育状况。

腹围测量：测量腹围时也要先排尿，然后平卧于床上，用软尺经肚脐绕腹部一周。要注意测量腹围时不要勒得过紧，且每次测量时要松紧一致，以确保数据的准确性。腹围的测量与宫高测量是同步的，同样也会记录下来或是绘制成妊娠图。

聪明妈妈教出聪明宝宝：给胎宝宝讲讲生活常识

生活就是一个大课堂，只要孕妈妈细心留意，就会发现这里到处都是胎教的好素材。而且越早对胎宝宝进行生活常识的胎教，一定是越早受益。

◎ 对胎宝宝实施生活常识胎教

在孕中期，胎宝宝的听觉系统迅速发育，孕妈妈可以借此机会给他讲一些生活常识，从饮食健康、居家生活到出行安全、文明礼仪都是你的胎教内容。而且，孕妈妈在讲这些生活常识的时候，也加深了自己对生活的认识，对待生活也会有一个更积极热情、乐观平和的态度。很显然，这对胎宝宝的健康发育是非常有利的。更重要的是，这种胎教无论何时何地都可以进行，因为我们的生活毕竟就是一个大舞台。

◎ 怎样教胎宝宝生活常识

孕妈妈在给胎宝宝讲生活常识的时候，一定要用胎宝宝喜欢的形式。可以是故事和儿歌，也可以是形象的方法。比如，孕妈妈过马路看到红灯亮起时，可以用儿歌的形式告诉胎宝宝，"过马路仔细瞅，绿灯行，黄灯慢行，红灯停，一站二看三通过……"这样胎宝宝就会潜移默化地接受交通安全的常识了。再比如，孕妈妈去超市前，可以用商量的口吻跟胎儿说："宝宝，妈妈带你去超市好吗？在那儿，我们可以买到新鲜又营养的蔬菜、水果，还能看到各种琳琅满目的日用品……"这样他就会知道超市是做什么的了。

胎教早知道

孕妈妈给胎宝宝讲生活常识时，要结合生活中的实际，或者是有趣的事物，避免平淡乏味的说教。

音乐之旅：童谣《数一数》

每一天，你都畅游于幸福的岁月中。念一念《数一数》这个快乐的童谣，把这份感受分享给胎宝宝，把这份快乐传递给更多的人，你的幸福感、成就感也会瞬间无限地放大……

数一数

一条虫，两条虫，小虫喜欢钻洞洞。

三头猪，四头猪，肥猪睡觉打呼噜。

五匹马，六匹马，马儿一跑呱哒哒。

七只鸡，八只鸡，母鸡生蛋咯咯哒。

九朵花，十朵花，桃花树下是我家。

悦读的艺术

胎宝宝开始有了听觉功能，这时的胎教音乐从内容上可以更丰富一些，比如听些欢快的童谣。通过童谣的欣赏，不仅陶冶了孕妈妈的情操，调节了孕妈妈的情绪，同时对胎宝宝也将产生潜移默化的影响。另外，孕妈妈在听这首儿歌的时候，准爸爸也可以一起来唱，准爸爸可以扮演里面的小动物，告诉胎宝宝这个动物长什么样。

描绘一下心中的宝宝（孕5月）

　　胎宝宝生长发育已经满5个月了，胎动更加活跃，心跳也更加有力，感知功能也明显提高，对外界传入刺激信号的接收能力也是大大提高。当你亲身感受着这一切变化，内心的激动和喜悦一定是溢于言表，不要犹豫，写下最真实的体验，就是留下了最珍贵的纪念！

宝宝，能听到妈妈的呼唤吗？

乖乖，我们在默默地等着你……

本月准爸爸课堂

又到准爸爸的上课时间了，准备好了吗？尽管今天你的"任务"跟往常一样，但是你的责任可是一点儿都不轻哦，想想腹中的胎宝宝，再多"任务"难道不都是一种幸福吗？

◎ 加倍爱护孕妈妈

准爸爸要知道，孕妈妈进入孕中期，会比往日更辛苦，也会更敏感，你的一言一行都会让她的心情起伏波动，而且这些心情变化更会直接影响胎宝宝的健康发育，所以，在这个月，准爸爸更要时刻关注孕妈妈的生活，用她最能接受的方式表达你的爱。比方说，为爱妻精心挑选一双平底鞋，给爱妻一句甜蜜的问候，细心温柔的搀扶……都会让孕妈妈感到无比的幸福。

◎ 今天，你跟胎宝宝打招呼了吗

从这个月开始，准爸爸的语言胎教就要引起重视了，准爸爸应该多抽出一点儿时间摸着准妈妈的肚子和胎宝宝打招呼、说故事并唱歌给他听，当然，还可以教他简单的生活常识及科普知识，这些胎教内容对胎宝宝脑部发育都会有很大帮助，而且胎宝宝也能从中感受到爸爸的体贴与爱意。

胎教早知道

怀孕时期准爸爸温柔的说话声可以刺激胎儿的听觉发育，也可以增进胎儿的舒适和安定感，使胎宝宝有"被爱"的感觉。

悄悄的6月（21~24周）：越长大越快乐

恭喜啦！现在，你已经走过了一半的孕程。对于很多孕妈妈来说，这个阶段是最轻松、最有精力的时期。当然，留心你和胎宝宝悄然发生的变化还是第一要做的功课哦！

◎ 胎儿的变化

◎ 这个月的胎宝宝身长 30 厘米，体重 600~750 克；

◎ 骨骼已经长得很结实，胎毛增多，头发更长，眉毛及睫毛开始长出；

◎ 耳、眼、鼻发育完全，五官清楚；

◎ 皮肤薄嫩，有许多皱纹，表面附着白色脂肪般的胎脂；

◎ 胃肠会吸收羊水，肾脏排泄尿液，已经完成出生的准备。

◎ 母体的变化

◎ 这时孕妈妈的子宫更大，子宫底高 18 ~ 21 厘米；

◎ 肚子大且凸，体重增加明显，尤其是上半身会显得特别肥胖，这是体内水分滞留的缘故，只是暂时现象，不会持久的；

◎ 腰部也变得更沉重，因而行动较为吃力、迟缓。面部稍微有些水肿，这也是因为体内水分过多的缘故；

◎ 乳房的发育更为旺盛，不但外形饱满，而且用力挤压时会有淡黄的稀薄乳汁——初乳流出。

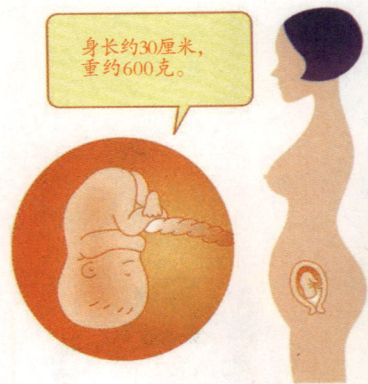

身长约30厘米，重约600克。

第21周 小身子，滑滑的

胎宝宝已经21周了，
这时的他（她）的体重依旧在不断地增加。
现在这个小家伙看上去变得滑溜溜的，
这是因为他（她）的身上覆盖了
一层白色的、滑腻的物质，
这就是胎脂。

完美营养：缺什么补什么

许多孕妈妈都徘徊在"营养过多"和"营养不足"的忧虑之中，总是不自觉地想问：怎么吃，吃什么才能给自己和胎儿的健康"上个双保险"呢？其实，很简单，缺什么补什么就好了。

◎ 品种多样，缺啥补啥

孕妈妈们也都知道，没有一样食品可以保证全方位的营养。如果不注意全方位均衡的营养摄入，难免出现某些营养素缺乏的现象。那么孕妈妈一定要到医院，与医生沟通或是通过化验来了解自己究竟缺哪些营养，然后在保证均衡摄入（其中包括足够的主食，一定的荤菜、奶制品、豆制品以及油）的前提下重点补充所缺的营养素，这样就既不会营养过剩也不会营养不良了。

钙不足：增加奶和奶制品，虾皮、豆类、绿色蔬菜等的摄入。

铁不足：增加动物肝脏，动物血、瘦肉、绿色蔬菜等的摄入。

锌不足：补贝壳类海产品，动物内脏、瘦肉、干果类等。

维生素 A 不足：补动物肝脏，蛋黄或胡萝卜、番茄及橘。

维生素 B_1 不足：补谷类、豆类、坚果类、瘦猪肉及动物内脏。

维生素 B_2 不足：补充动物性食品特别是动物内脏，以及蛋、奶等的摄入。

维生素 C 不足：补水果和新鲜蔬菜，如所有绿色蔬菜、西红柿、卷心菜、猕猴桃。

胎教早知道

很多孕妈妈在这一时期会出现小腿或脚面水肿的现象，站立、蹲坐时间过久或腰带扎得过紧，水肿现象会更严重。一般而言，水肿若不伴随血压高、尿蛋白，则属于怀孕后的正常反应，注意饮食起居调养便可减轻症状。

运动进行时：帮助胎宝宝做运动

你大概也感觉到了，现在这个小家伙很爱运动，那么孕妈妈能不能帮助他（她）更好地做运动呢？当然可以了……

◎ 伸展运动

1. 站立后，缓慢地蹲下，动作不宜过快，蹲的幅度视你所能及的程度。

2. 双腿盘坐，上肢交替上举下落。

3. 上肢及腰部向左右侧伸展。

4. 双腿平伸，左腿向左侧方伸直，用左手触摸左腿，尽量能伸得更远一些。然后，右腿向右侧伸直，用右手触摸右腿。

5. 直坐，小腿向腹内同时收拢，双手分别扶在左右膝盖上，然后小腿同时向外伸直。

◎ 四肢运动

1. 站立，双臂向两侧平伸，肢体与肩平，用整个上肢前后摇晃画圈，大小幅度交替进行。

2. 站立，用一只腿支撑全身，另一只腿尽量抬高（注意：手最好能扶一些支撑物，以免跌倒）。然后用另一只腿做，可反复几次。

◎ 骨盆运动

平卧在床上，屈膝、抬起臀部，尽量抬高一些，然后徐徐下落。

胎教早知道

上述各节运动重复进行，每次以 5 ～ 10 分钟为宜。运动量、频度、幅度自行掌握。

◎ 腹肌运动

半仰卧起坐，平卧屈膝，从平仰到半坐，不完全坐起，这节运动最好视本人的体力情况而定。

◎ 盆腔肌练习

收缩肛门、阴道、再放松。

对话胎教：和胎宝宝聊聊天气

和胎宝宝聊天是孕妈妈最幸福的时刻，而和胎宝宝聊聊天气的变化，不仅能丰富胎教内容，还能增进母子之间的感情。今天，孕妈妈就以天气为话题和胎宝宝聊聊吧！

◎ 巧设场景描绘天气变化

和胎宝宝聊天也是一门艺术，巧设一个场景，把气象万千的景象生动有趣、贴切自然地描绘给胎宝宝，那样才能吸引胎宝宝的兴趣，让他更专注于谈话内容。

比如，在阳光灿烂的清晨，孕妈妈可以这样说："宝贝，你瞧，太阳公公已经露出了大大的笑脸，说明今天是个好日子，跟着妈妈出去晒晒太阳吧？"又如，在春日细雨绵绵的午后，孕妈妈则可以这样说："宝宝，现在外面还在下着小雨，虽然有点儿冷，不过这雨对农民伯伯来说可是场及时雨，他们开始准备种庄稼了，我们也就有粮食吃了……"

经常用这种方式和胎宝宝聊天，一定会收到理想的胎教效果哦！

◎ 用符号教胎宝宝认识天气

孕妈妈在和胎宝宝聊天气变化的时候，不妨将一些常用的天气符号画给他看，如晴天是一个大太阳、阴天是一朵乌云、雨天就是乌云下面几滴水等，这样在娱乐的同时，也能让胎宝宝学到科学知识。

胎教早知道

在孕妈妈与胎宝宝聊天的过程中，准爸爸也可以参与进来，通过与孕妈妈之间的互动，让话题内容更加丰富多彩，使胎宝宝在一个充满爱的温馨气氛中学到知识，并健康快乐地成长。

和宝宝学科学（1）：植物的小种子

在孕育宝宝的过程中，每一天你都会有不一样的体验。想想看，自然界中的小种子从生根发芽到开花结果，难道不正揭示了生命的奇迹吗？给胎宝宝讲讲这里的奥秘，想必他一定会非常感兴趣哦。

◉ 借风力来传播

有些表面生有絮毛、果翅的植物种子则借风力来传播种子，如蒲公英的种子上有一把小伞，风一吹，小伞就带着种子飘到很远的地方去安家落户；杨树或柳树的种子上长着轻柔的绒毛，会乘着春风飞到遥远的地方生根发芽。

◉ 借弹力来传播

有些植物的种子如凤仙花、大豆、芝麻等，当它们成熟以后，果皮在烈日的烘烤下会变得非常脆弱，往往轻轻一碰，种子就像破膛的子弹一样，被弹射到远处生根发芽。

◉ 借人或动物来传播

有些外表生有刺毛、倒钩或能分泌黏液的植物种子，如苍耳、窃衣、鬼针草等，只要轻轻一碰，就会黏附在人的衣服或动物的羽毛上，它们被扔到哪里，哪里就是它们的家；而色彩鲜艳、香甜多汁的果实，如樱桃、野葡萄等，可吸引人或动物取食，果核被丢到哪，就在哪生根发芽。

胎教早知道

很多生长在水边的植物都是借助水力来传播种子的，如椰子成熟以后，椰果会落到海里，随海水漂到别的岛上生根发芽；睡莲的果实成熟后会沉入水底，待果皮腐烂后，种子就会漂浮起来，随水流漂到别的地方安家落户。

美育胎教：艺术欣赏——十字绣

十字绣简单易学、材料易买，孕妈妈可以将其作为一项胎教内容，通过绣十字绣，可以培养孕妈妈的耐心和专注力，让孕妈妈在不知不觉中忘却烦恼，沉浸在刺绣的乐趣中，最后看着经过自己一针一线绣出来的成品，那样的喜悦之情和成就感是什么也替代不了的。

十字绣是一种古老的民族刺绣，具有悠久的历史。它是用专用的绣线和十字格布，利用经纬交织的搭十字的方法，对照专用的坐标图案进行刺绣的一种刺绣方法。通常，绣十字绣需要具备下面这些基本材料：绣线、绣针、绣布、专用穿线板、图纸、鹤形剪刀、线盒及绷架。需要注意的是，开始绣之前，孕妈妈最好将绣线用水洗一下，如果不掉色，就可以放心地绣了。

第22周 我有指甲啦

这一周的胎宝宝显得更加可爱，
他（她）会每隔一小会儿就把
拇指塞到嘴里吮吸一下，
有时高兴起来还会逐个将手指吮一遍。
你知道吗？他（她）的十个小手指
已经长出指甲了。

胎宝宝学英语：开始英语启蒙教育

现阶段，孕妈妈将英语作为胎教内容，开始对胎宝宝进行英语启蒙教育，说不定胎宝宝将来会成为语言天才哦！

◎ 开启胎宝宝的英语启蒙教育

从现在开始，胎宝宝的听力发育已经相当完善，能够倾听到外界的一切，也具有了一定的语言学习能力。而且研究也发现，这个时候的胎宝宝，其内耳和鼓膜已经发育成熟，这意味着他能够用耳朵去听外界的声音了。因此，这个时候正是进行英语启蒙教育的好时机，并且会收到意想不到的胎教效果。

◎ 这样教胎宝宝学英语

孕妈妈每天在胎宝宝醒着时将袖珍耳筒式录音机放在腹部，为胎宝宝播放温柔舒缓的英语歌曲，也可以看些既正宗又有趣的卡通英语视频。当然，若孕妈妈的英语口语很标准，不妨在平时对胎宝宝讲一些很简单的英语，例如，"I am your Mommy"、"I love you so much！"、"It's a nice day"、"Let's go to the park"……这样在教导胎宝宝学习英语的同时，也增加了与胎宝宝的互动，学习的气氛会很融洽。

胎教早知道

孕妈妈在给胎宝宝放英文歌曲的时候，音量一定要适中，因为胎宝宝怕噪声；另外，每次听不要超过45分钟，否则会使胎宝宝感到厌烦。

对话胎教：给宝宝说几段绕口令

孕妈妈可以说几段绕口令给胎宝宝听，这样不仅锻炼了孕妈妈的嘴皮子，也让胎宝宝从中享受到了语言的乐趣。

好孩子

张家有个小英子，

王家有个小柱子。

张家的小英子，

自己穿衣洗袜子，

天天扫地擦桌子。

王家的小柱子，

捡到一只皮夹子，

还给后院大婶子。

小英子，小柱子，

他们都是好孩子。

鹅过河

哥哥弟弟坡前坐，

坡上卧着一只鹅，

坡下流着一条河。

哥哥说：宽宽的河。

弟弟说：白白的鹅。

鹅要过河，

河要渡鹅。

不知是鹅过河，

还是河渡鹅。

胎教早知道

绕口令是我国一种传统的语言游戏，是将若干双声、叠韵词汇或者发音相同、相近的语词和容易混淆的字有意集中在一起，组合成简单、有趣的韵语，形成一种读起来很绕口，但又妙趣横生的语言艺术。值得一提的是，绕口令是语言训练的好教材，认真练习绕口令可使头脑反应灵活、用气自如、吐字清晰、口齿伶俐，可以避免口吃，更可以作为休闲逗趣的语言游戏。

运动进行时：孕妈妈瑜伽——头部旋转

孕妈妈练习瑜伽可增强骨盆和脊椎的灵活性，改善身体状态，调节心理不适，为生产做好充分的准备工作。既然如此，今天就为孕妈妈推荐一套操作简单但效果不错的瑜伽动作，让好心情伴随着孕妈妈。

◎ 跟我学

Part1：孕妈妈盘腿而坐，肩背挺直，双手放在膝盖上，做吸气的动作。

Part2：孕妈妈在吐气的过程中将右耳尽量向右肩靠拢。

Part3：孕妈妈回到第一步，吸气的同时将头尽量往后仰。

Part4：孕妈妈再次吐气，左耳往左肩靠拢，头慢慢往下放松，然后再恢复第一步。

◎ 不可忽视的要领

孕妈妈在练习瑜伽时，应穿着舒适、宽松的衣服，以免练习时不舒服；防滑的垫子也是必备品，不但能防止孕妈妈滑倒，还能避免孕妈妈膝盖着凉。

Girl's Life

胎教早知道

此套瑜伽能够缓解颈部及肩膀压力，对消除因怀孕所致的肩颈酸痛很有效果。

聪明妈妈教出聪明宝宝：跟宝宝玩"数独"（5）

前面孕妈妈已经做了几组九宫格游戏，是不是已经开始喜欢上它了。的确，数独是个好东西，它可以让孕妈妈变得更聪明，胎宝宝也能从中受益。今天，我们再来做两组数独游戏吧！

（1）

		9						6
			7	5				
	5	6	8				9	1
						3	5	
6								4
	8	9						
5	2				7	6	4	
				2	8			
9					1			

答案 →

8	7	4	9	1	2	5	3	6
1	9	3	7	5	6	4	8	2
2	5	6	8	4	3	7	9	1
7	1	2	6	8	4	3	5	9
6	3	5	1	7	9	8	2	4
4	8	9	2	3	5	1	6	7
5	2	1	3	9	7	6	4	8
3	6	7	4	2	8	9	1	5
9	4	8	5	6	1	2	7	3

（2）

	4			5				
	6	9		7	1			
2							1	
			8			1		
	7			9		2		
		3		1				
			5				4	
			4		8	6	5	
	3							7

答案 →

1	4	8	9	5	6	7	3	2
3	6	9	2	7	1	5	8	4
2	5	7	3	8	4	9	1	6
6	9	4	8	2	3	1	7	5
5	7	1	6	4	9	3	2	8
8	2	3	7	1	5	4	6	9
9	8	6	5	3	7	2	4	1
7	1	2	4	9	8	6	5	3
4	3	5	1	6	2	8	9	7

悦读时间：故事《小猪猪请客》

读一读那些专属于儿童的故事，你的心情也会莫名地高兴起来，当然肚子里的小宝宝也一定会感受到你的喜悦，说不定还会用小脚丫轻轻地踢你两下呢。

小猪猪请客

小猪猪有两个好朋友，小猫猫和小狗狗。

有一天小猪猪对小狗狗和小猫猫说："妈妈给我买了新玩具，你们明天来我们家玩吧。"

"好啊！"两个小伙伴异口同声地答应了。

小猪猪回家以后就想：明天我做什么好吃的给我的好伙伴们呢？小猪猪想了又想，终于有了主意。

第二天，小猫猫和小狗狗来了，小猪猪很热情地欢迎他们，拿出了妈妈给他新买的玩具——一个会唱歌的球。这个会唱歌的球，看得小猫猫和小狗狗可好奇了，小球真好玩，一咕噜滚起来就会唱歌，还有五颜六色的灯在闪啊闪啊闪呢。于是，他们便围着小球玩做了一团，咯咯咯地笑着。

到了吃饭饭的时候了，小猪猪拿了小猫猫最喜欢的鱼，给小狗狗则是新鲜的肉骨头。两个好朋友高兴地说，谢谢小猪猪，知道我们最爱吃的东西。小猪猪呵呵地笑着说，我们是好朋友嘛。

这一天，三个小伙伴玩得高兴极了。

手工生活：享受我的拼布生活

孕妈妈长时间待在家里没事干，是不是感觉有点儿烦闷了？不如做个简单的手工来解闷吧，那是很奏效的方法。今天孕妈妈就利用家中的废布料来做一个精美的束口袋吧，出门的时候带点儿小东西可是很方便哦！

◎ 小材料

各种颜色、花纹的碎布料、针线、拆线器、锥子、细绳两条、木珠两颗。

◎ 跟我学

Part1：选好作为里布的布料，裁成规则的长方形；

Part2：将其他布料也裁成规则的长方形或是正方形，然后用针缝合，将其拼成长方形的表布；

Part3：将表布和里布的反面相对，然后用针将两个长边和一个短边缝合；

Part4：将作为袋口的短边布料内翻，然后用针纤边，接连两圈；

Part5：用拆线器将袋口处的长边线拆除，然后用锥子穿个小洞，最后将两条细绳从一头穿过另一头；

Part6：在细绳上穿珠子，系纽扣结，以防止珠子滑脱，这样，一个漂亮的束口袋就大功告成！

第23周 像不像个"小老头"

现在的胎宝宝体重依然偏小，
所以他（她）的皮肤还是皱皱的，
看起来活像一个"小老头"，
不过不用担心，
等小家伙增加到一定重量时
皮肤就会撑起来了，
他（就）会变得肉嘟嘟的了。

完美营养：预防便秘食为先

很多女性怀孕后，特殊的身体状况很容易使便秘也"乘虚而入"，但是又不敢随便吃药，遇到这种情况，食疗就能帮你摆脱这个困扰。

◎ 三类食物轻松解决便秘困扰

富含膳食纤维的杂粮有助于润滑肠道，孕妈妈可以多吃些，如糙米、山芋、绿豆、玉米、燕麦片等，不过不能将其和奶制品一起吃，否则会影响母体对钙、铁等微量元素的吸收，最好间隔 40 分钟左右。孕妈妈也应该多吃新鲜果蔬，如西瓜、香蕉、梨、苹果、苦瓜、黄瓜、荸荠、白菜、芹菜、丝瓜、黄花菜等都是很不错的选择。另外，孕妈妈也可适当吃些富含油脂类的干果，如松子、芝麻、核桃仁、花生等。

◎ 给爱妻做一份清粥小菜

看着爱妻一连几天地便秘，准爸爸也伤透了脑筋，赶快下厨为她精心准备一份清粥小菜吧。

木耳芝麻大米粥，做法非常简单，将大米淘洗干净后放入锅中，加入适量清水煮粥，待米半成熟后，将切碎的黑木耳、白木耳，以及碾碎的黑芝麻和洗净的桑葚一起放入粥中，至煮熟即可食用。小菜我们选麻油拌菠菜，先将菠菜洗净，锅中放入清水，待水煮沸后放入食盐，然后把菠菜放入沸水中烫约 3 分钟取出，最后加入麻油拌匀即可食用。

胎教早知道

这个时期的孕妈妈由于肠管平滑肌正常张力和肠蠕动减弱，腹壁肌肉收缩功能降低，很容易引起便秘，如果吃得过于精细或是偏食，运动量又不足，就更容易引起便秘了。

155

运动进行时：和胎宝宝做游戏

这个时期的胎宝宝越来越"活跃"了，和他尽情地玩游戏可以让你边感受着胎动的幸福，边享受着亲子的快乐。其实，让生活满溢幸福的阳光竟是如此简单。

◎ 一起来做"踢肚子"游戏

当孕妈妈感觉到胎宝宝"踢"你肚子的时候，可以轻轻地拍打被踢部位，静待1~2分钟后，你会发现胎宝宝会再次"踢"你的肚子，好像还蛮喜欢这种游戏。这时孕妈妈可以再轻拍被踢部位，然后静待一下。当胎宝宝第三次"踢"你的肚子时，孕妈妈可以更换一下拍打部位，不过位置一定要很接近之前拍打的部位。这样反复几次，胎宝宝就会越来越喜欢这个"踢肚子"游戏了。

◎ 准爸爸也要扮演好自己的角色

和胎宝宝做游戏的时候，准爸爸一定要扮演好自己的角色。你可以让爱妻仰躺在床上，用手掌轻轻拍击腹中的胎宝宝，引导他对刺激做出反应。当然，在做游戏的过程中，准爸爸也可以把耳朵放在孕妈妈的肚皮上倾听胎宝宝的胎动，或是跟他喃喃细语几句，这些小细节都能让胎宝宝在不知不觉中感受到你对他的关爱与祝福。

胎教早知道

每晚临睡前是最适合玩这个游戏的时候了。因为这时胎宝宝活动得最为频繁，但要切记玩的时间不要太长，以免使胎宝宝过于兴奋，而造成孕妈妈夜间无法安然入睡。

胎宝宝学英语：第一步——认识字母

孕妈妈在教胎宝宝学习英语时，一定要先将基本功打好，而认识并掌握英文字母就是英语学习的第一步，千万不可忽视其重要性。

◎ 用画笔描画字母的形状

为了使胎宝宝学得有乐趣，记得牢靠，孕妈妈在教的过程中一定要讲求方法。单单只是反复读字母是不够的，最好一边读一边用彩色的笔在白纸上将字母的形状描绘出来，这样一来，会带给胎宝宝强烈的视觉冲击力，让他印象更加深刻。

◎ 形象语言添助力

用形象的语言为胎宝宝解说字母的形状，也是一种很有效的教学方法。例如，当孕妈妈教胎宝宝认识"A"这个字母的时候，可以将其描述成是一顶尖尖的帽子。同样的，字母"H"可以看做是一把梯子，字母"L"是一双靴子，"0"是一个鸡蛋……通过这一系列行之有效的方法，胎宝宝学习英文字母一定会事半功倍！

胎教早知道

孕妈妈在教胎宝宝认识字母的时候，也可以事先准备一些闪光的字母卡片，这样一来，孕妈妈教得愉悦，胎宝宝也会非常喜爱。

悦读时间：怎样把童话读得更有趣

选定一个阅读时间，精心准备一个童话故事，用童话在母子之间搭起温馨、幸福的桥梁，培养的不仅仅是胎宝宝的想象力和创造力，就连孕妈妈的心情也能变得更加灿烂。

◎ 选个好故事是前提

什么样的故事才是好故事呢？那些情感丰富的、情节较为曲折的、结局美好的，最能突显主人公勇敢、善良、聪明、勤劳这些美好品质的故事，就是对胎宝宝有益、也是容易被他们接受的故事。事实也证明，那些在孕期接受过这种胎教的孩子，在他们出生后，往往比没有或是缺少这种胎教的孩子更能塑造出美好的人格。

◎ 富有感染力的声音是关键

孕妈妈在讲童话故事的时候，一定要富有感染力，能够根据故事情节的变化改变自己的声调和表情，必要时也可以请准爸爸配合。只有将故事讲得有声有色，胎宝宝才会喜欢听，也能让他记得牢、学得快。

胎教早知道

孕妈妈给胎宝宝讲故事的时间应控制在20分钟左右，以免时间过长而引起胎宝宝的厌烦。

手工生活：做一个幸运星

做手工可是一个很好的胎教内容，可以让孕妈妈保持一颗平静的心，这对胎宝宝来说是非常有利的。所以，今天就为孕妈妈安排了一个简单的小手工——叠幸运星，是不是很不错！还等什么，赶快来做吧！

◎ 小材料

彩色丝带，长 30 厘米，宽约 2 厘米。

◎ 跟我学

Part1：把纸条绕个圈，要尽量往一边绕，让它一边长长的，一边短短的，最后得到一个五角形。

Part 2：把短短的那边藏好在五角形的里面。

Part 3：用长长的那边围着这个五角形转，注意要贴着五角形的边来转。

Part 4：将剩下短短的无法继续转的一段塞进里面藏起来。

Part5：用手指在五角形的每个边的中间向里压，直至它看起来有棱有角，一颗幸运星就这样诞生了。

爱之手语（6）：问问宝宝的感觉

日历翻到这个月，孕妈妈和胎儿都处于一个很稳定的时期，准爸妈自然要把握住这个胎教的最佳时机。下面就先预习一下本月的"胎教功课"吧。

小：一手拇指捏小指指尖。

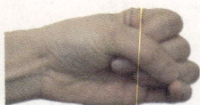

你：一手食指指向对方。

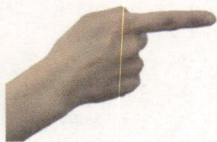

怎么样：双手握拳，右拳打一下左拳。左拳不动，右拳向上翻开手掌。

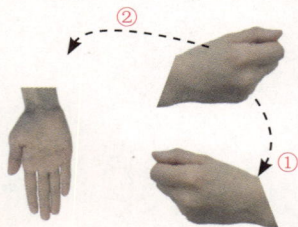

宝贝：1. 一手虚握，然后甩腕，五指张开，掌心向下。2. 左手伸出拇指，手背向外；右手轻拍几下左手背。

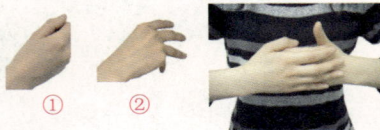
① ②

感觉：1. 一手捂手于胸部。
2. 一手食指指在太阳穴处，同时头微抬起，脸上表露出一种觉悟的表情。

① ②

爱之手语

这一时期，孕妈妈的行动也是非常不便的，不论是坐立行走，对孕妈妈来说都很有困难。这时，准爸爸的肩膀就是孕妈妈最大的依靠，随时随地在身边，适时挽扶一把，会让孕妈妈因为有你而觉得安全舒适。

第24周　漂浮真有趣

已经努力生长了24周的小宝宝
现在已经长大了不少，
几乎占据了整个子宫腔，
所以他的活动会稍微受点儿限制。
但此时他（她）的大脑脑电波开始有反应，
除了能区分甜味和苦味外，
还更乐于享受漂浮的感觉，
所以总是在你的肚子里动来动去。

完美营养：馋嘴孕妈咪的安全零食

除了早孕反应的一段时间，孕妈妈一般都比较容易饥饿，吃点儿零食肯定是常有的事。所以这里特别挑选 10 种孕期绝佳零食，让孕妈妈在解馋之余，也能为自己和肚子里的宝宝营养加分！

◉ 葡萄干

葡萄干含铁量非常高，可以预防孕期贫血和水肿，而且还能补气血，利水消肿。感到饥饿的时候随手抓几个来吃，绝对是种享受。

◉ 大枣

大枣不仅含有丰富的维生素 C，还含有丰富的铁质，可以很好地预防孕妈妈贫血。如果你把大枣做成红枣粥那真是既营养又美味。

◉ 核桃

核桃的营养价值非常高，含有丰富的维生素 E、亚麻酸以及磷脂等，尤其是亚麻酸对促进大脑的发育很重要。

◉ 无花果

无花果可是好东西，不仅能健胃润肠，还能催乳呢。富含多种维生素和果糖以及葡萄糖等，绝对是孕期的绝佳零食哦！有些孕期便秘的妈咪更要多吃哦！

◉ 酸奶

酸奶清凉、爽口，又含益生菌，可以帮准妈妈调理肠胃，同时又能补充蛋白质，重要的是酸奶很容易被消化吸收，绝对不增加胃肠负担。

胎教早知道

零食的确可以给孕妈妈补充能量和营养，但也同样不能吃得太多，否则影响正餐可就有点儿得不偿失了。

奶酪

这可是牛奶"浓缩"成的精华，1千克奶酪制品差不多得需要10千克的牛奶才能浓缩成，所以蛋白质、B族维生素、钙和多种有利于孕妈妈吸收的微量营养成分就自不用说了。

苹果

苹果不但酸甜香脆，含有构成胎儿骨骼及牙齿所必需的成分，还能防治孕妈妈的骨质软化。另外，苹果的香气还可治疗情绪的抑郁，还可以防止便秘，真是种多功能零食。

板栗

板栗含有丰富的蛋白质、脂肪、碳水化合物、钙、磷、铁、锌、多种维生素等营养成分，孕妈咪常吃一点儿板栗，不仅健身壮骨，还有利于骨盆的发育成熟，并可消除孕期疲劳。

全麦面包

多数孕妈妈都有一个通病，那就是容易饥饿，而且饿了就要及时吃。而全麦面包不仅能充饥，更能增加膳食纤维，补充全面营养，而且对于有便秘问题的孕妈妈把它作为小零食更是明智之选。

海苔

海苔浓缩了紫菜当中的各种B族维生素，特别是核黄素和尼克酸十分丰富。除此，各种矿物质和各种微量元素有助于维持体内酸碱平衡，而且热量低，纤维高，非常不错。

运动进行时：带着胎宝宝去游泳

现阶段孕妈妈的身体状态比较稳定，可以适当进行一些柔和的运动，而游泳就是值得一提的好活动，这对孕妈妈自身和胎宝宝都是十分有益的哦。

◎ 孕期游泳好处多多

孕妈妈在孕期游泳有什么好处呢？现在就让我们来一一列举一下吧！通过游泳，孕妈妈可有效缓解或消除腰背疼痛、瘀血、便秘、下肢水肿等不适症状；可促进血液循环，增强孕妈妈体质的同时也有利于胎宝宝的发育；可改善情绪，消除精神压力，摆脱孕期头痛的困扰，对胎宝宝的神经系统发育也有良好的影响；可增加孕妈妈的肺活量，为分娩时缩短产程做好充分的准备。

◎ 孕妈妈游泳的宜与忌

（√）29~31℃的水温对孕妈妈来说最适宜。

（√）上午 10 点至下午 2 点是最佳的游泳时间。

（√）下水之前要做好热身工作，这样才不容易引起抽筋。

（√）动作要轻柔舒缓，不要太猛。

（×）水温不能太低，太低容易引起腿部肌肉痉挛。

（×）不要潜入水中，潜水可能给腹部造成过分的冲击，也有发生溺水的危险性。

（×）不要脚朝下跳入池中，这样容易使水进入阴道，造成感染。

（×）游泳时间不要太长，以免劳累过度，对身体不利。

胎教早知道

孕妈妈在孕期游泳还可消耗掉体内多余的热量，帮助其保持健美的体型，尤其对分娩后的体型恢复大有好处。

和宝宝学科学（2）：为什么嘴唇是红色的

每个小朋友都有一个胖嘟嘟的脸蛋、粉嫩嫩的小嘴儿，说起话来，微微上翘的嘴角，更是招人喜爱。可是，你想过没有，为什么我们的嘴唇是红色的？这里到底有什么奥秘呢？

◎ 神奇的红色嘴唇

人体各个部位皮肤的厚度并不相同，而嘴唇的表皮不但薄，而且非常柔软、透明。同时，嘴唇的毛细血管相当丰富，是脸部最敏感和柔软的地方，因此，我们可以透过嘴唇皮肤看到血管里血液的颜色，于是，我们看到的嘴唇颜色便成了红色，事实上，这只是嘴唇表皮下流动的血液的颜色。

◎ 看唇色知健康

嘴唇是我们所有器官中能够第一时间把身体里的情况暴露出来的窗口，所以通过观察一个人的唇色，便可知道身体是否健康。通常来说，健康人的唇色为淡红色，且红润而有光泽；若嘴唇为深红色或紫红色，则说明体内有"火"，而且颜色越向着深红发展，代表着体内的火就越大；若嘴唇为淡白色，这说明身体里不论是气还是血，都处于相对匮乏的状态，就是我们通常所说的贫血；若嘴唇为青黑色或青紫色，则说明身体里有比较明显的血瘀气滞情况存在。

音乐之旅：《蓝色多瑙河》

新的一天又来临了，想要让胎宝宝感受一下早晨的朝气与活力，这首经典圆舞曲之一《蓝色多瑙河》是一个非常不错的选择。

河畔的乐曲
河畔经典，沉醉在其中……

◎ 美丽的多瑙河河畔

这首圆舞曲旋律优美动人，节奏富于动感。聆听者先是仿佛置身于美丽的多瑙河河畔，看着粼粼的波光，陶醉于大自然的魅力之中；渐渐地，又会被曲子中的欢快、活泼、热情、奔放的气氛所感染；最后，乐曲在一片狂欢的热烈气氛中迅速结束，聆听者的心灵也得到真正的放松。

听|的|艺|术

这首曲子是"圆舞曲之王" 约翰·施特劳斯创作的，这位奥地利作曲家一生共创作了479首作品，本曲就是他的经典曲目。当孕妈妈感受到胎动的时候，美妙的音乐就具有神奇的胎教力量。在阳光洒满屋子的午后，伴随着优美动人的旋律，边抚摸腹中的胎宝宝，边静享生命里这首最华美的乐章！

描绘一下心中的宝宝（孕6月）

已经 6 个月的胎宝宝长得已有小大人的模样了，这让准父母很是激动，也感到很幸福。不妨闭上眼睛，以心为画笔，描绘出胎宝宝的可爱模样吧！

如果你不善于描画宝宝的模样，也可以去医院为他拍一张胎儿写真，留作纪念也不错哦！

本月准爸爸课堂

到了现在这个时候，孕妈妈的肚子已经隆起来了，以前自己能够做的事情现在都做不了了，不免心里会产生波动。这时，就需要准爸爸出手了，做孕妈妈最坚实的后盾，免除她的顾虑，让她做一个快乐的孕妈妈。

◎ 做一个体贴的模范丈夫

平日在生活中，准爸爸要主动帮孕妈妈分担家务，做她力所不能及的事情，为她创造一个良好的居住环境；另外，准爸爸还要定期给孕妈妈修剪一下指（趾）甲，不时给孕妈妈梳一个漂亮的发型，每天给孕妈妈泡一个热水脚……这些体贴的举动会让孕妈妈倍感欣慰，心情愉悦。

◎ 做孕妈妈永远的精神支柱

尽管孕妈妈对孕育小生命很是喜悦和期待，但看着身材的日渐走形，也让她的内心变得多虑、不安，担心从此会失去准爸爸的关爱。

这时，准爸爸要做的就是给孕妈妈更多精神上的支持和动力，用爱包容她、理解他、体贴她，让她知道自己不但不会失去你的关爱，反而会得到更多。总之，准爸爸的爱是孕妈妈最坚实的精神支柱，对孕妈妈和胎宝宝来说都是非常可贵的。

胎教早知道

这一时期，孕妈妈的行动也是非常不便的，不论是坐立行走，对孕妈妈来说都很有困难。这时，准爸爸的肩膀就是孕妈妈最大的依靠，随时随地在身边，适时搀扶一把，会让孕妈妈因为有你而觉得安全舒适。

跳动的7月（25~28周）：每一天都精彩

进入这个月，孕妈妈和胎宝宝天天都有新变化，这真是一件既幸福又让人值得期待的事情！下面，我们就一起来看一下母子的变化吧！

◎ 胎儿的变化

◎ 胎宝宝的头部和躯干比例已经接近新生儿了，他的身体在孕妈妈的子宫中已经占据了相当大的空间，甚至开始充满整个空间；

◎ 胎宝宝的上下眼睑已经形成了，小鼻子已经有了嗅觉，味蕾正在形成，头发也已经长出 5 毫米左右；

◎ 胎宝宝的皮肤仍然薄而皱，只有少量的皮下脂肪，倒是全身覆盖了一层细细的绒毛；

◎ 此时胎宝宝的大脑活动非常活跃，大脑皮层表面开始出现一些特有的沟回，脑组织增殖迅速；

◎ 不管是男宝宝还是女宝宝，外生殖器都已经开始发育并清晰可见。

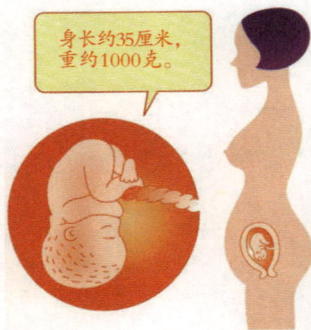

身长约35厘米，重约1000克。

◎ 母体的变化

◎ 孕妈妈的腹部明显隆起，宫底上升到脐上 1~2 横指，子宫高度为 24~26 厘米；

◎ 由于胎宝宝的成长和羊水的增多，孕妈妈的体重迅速增长，为了保持身体的平衡，身子会略向后仰，行动也略有不便，腰部易有疲劳感；

◎ 孕妈妈的下腹部、大腿、臀部、胸部或背部会出现不同程度的妊娠纹。

第25周 胎动也很精彩哦

现在胎宝宝的动作可是灵活了不少，
所以也总是时不时地用小脚丫
踢踢妈妈的肚子，
好让妈妈知道自己的进步。

完美营养：饮食营养很重要

进入本月，胎宝宝的生长继续着迅猛的势头，所以饮食营养自然非常重要，如何才能充分满足孕妈妈和胎宝宝的营养需求呢，这就是本月营养胎教的重点。

◎ 营养食材大集合

为了保证孕妈妈和胎宝宝的健康，孕妈妈应该多吃些富含蛋白质和矿物质的食物，如肉、蛋、奶、鱼虾、豆类等；另外，新鲜又营养的蔬菜和水果，也是孕妈妈必不可少的营养食材，如黄瓜、胡萝卜、金针菇、山药、豌豆苗、圆白菜、柑橘、无花果、秋梨等。

◎ 营养蔬菜饼烹饪 DIY

日常生活中，孕妈妈不妨自己做一张营养蔬菜饼，并在制作过程中把步骤描述给胎宝宝听，这样既吃到了美味又营养的食物，又增进了与胎宝宝之间的交流，真是一举两得哦！

蔬菜鸡蛋饼：用黄瓜、胡萝卜、金针菇、鸡蛋做食材，并加入盐、鸡粉、黑胡椒粉、葱花和米酒进行调味，最后用中小火煎至鸡蛋饼呈金黄色即可。

山药蔬菜饼：取山药、金针菇、豌豆苗、圆白菜、胡萝卜、鸡蛋做食材，加入面粉搅拌后再加入盐调味，以小火煎至蔬菜饼呈金黄色即可。

胎教早知道

本月孕妈妈要远离辣椒、胡椒、咖啡、浓茶等辛辣刺激性食物，也不要吃得过咸，以免加重肾脏负担或引发妊娠高血压综合征。

运动进行时：学一学腹式呼吸

进入这个月，胎宝宝无论体重还是身长都明显增加，子宫内的空间对他来说有些过于狭窄了。这时，孕妈妈最好多做做腹式呼吸，不论对胎宝宝还是对孕妈妈自身都很有好处。

◎ 腹式呼吸的益处

孕妈妈练习腹式呼吸能为胎宝宝提供足够的新鲜空气，让他感觉很舒服；当然，孕妈妈也能借此消除紧张和不适之感，让心情保持愉悦，而胎宝宝同样能感受到这种愉悦的心情，这对胎儿的生长发育非常有益。

◎ 腹式呼吸 ING

Part1：孕妈妈平静心情，并轻轻地告诉胎儿："宝宝，妈妈给你输送新鲜空气来啦。"

Part2：孕妈妈取坐姿，背部紧靠椅背挺直，全身尽量放松，腿稍屈，闭口，双手轻轻放在腹部，并在脑海里想象胎宝宝此时正舒服地居住在一间宽敞的大房间里，然后鼻子慢慢地长吸一口气，直到腹部鼓起为止。

Part3：缓慢地将体内的空气全部呼出，使腹部渐平。

胎教早知道

孕妈妈在做腹式呼吸的时候，最好有专业人士在一旁指导，以免孕妈妈做法不得当而影响胎宝宝的正常发育。

情绪胎教：减轻对胎宝宝的担心

怀孕期间，一边为孕育新生命而感到甜蜜幸福，一边又不免为胎宝宝的健康发育而顾虑重重。其实，乐观、积极地应对各种问题，往往能收到意想不到的效果。

◎ 孕妈妈担心宝宝什么

尽管此前孕妈妈已经做过多次检查，但还是不免为腹中的胎宝宝担心。担心他的营养摄取是否充足，担心他的四肢发育是否健康，担心自己没有富足的奶水，担心胎宝宝将来会不会长不高，担心胎宝宝是不是聪明……事实上，过分的担心、焦虑只会加重妊娠反应，增加肾上腺素分泌，导致代谢性酸中毒，引起胎宝宝宫内缺氧，因此，为了胎宝宝的健康发育，孕妈妈一定要避免这些焦虑心理。

◎ 四招教你调适孕期情绪

◎ 孕妈妈通过学习相关孕产、育儿知识，来增强生育健康宝宝的信心。

◎ 孕妈妈与专家保持密切联系，如有问题及时请教，以消除思想顾虑，保持良好情绪。

◎ 孕妈妈可适量做一些有利于健康的活动，如做手工、散步、听音乐、做游戏等，有时适当的忙碌可转移孕妈妈的注意力，让她不会胡思乱想。

◎ 孕妈妈应多和一些有经验的妈妈们交流、沟通，通过经验的积累来增强自己的自信心。

胎教早知道

孕妈妈在产前过分担心、焦虑，还可引起植物神经紊乱，导致生产时宫缩无力而造成难产。

和宝宝学科学：彩虹的奥秘

为什么雨过天晴后，天边总会架起一道漂亮的七彩桥？为什么这架彩桥会有七种颜色？它又是怎么形成的呢？很多童话故事、歌曲和传说的创作灵感往往来自于彩虹。今天，我们就为孕妈妈解开其中的谜团。

◎ 桶里的彩虹

先来看一个有趣的实验，想必在你小的时候也做过类似游戏哦。准备一桶水，把它放在有太阳光的地方，然后将一面镜子按在桶里。细心观察后，你会发现，墙壁上会奇迹般地出现一块"小彩虹"。是不是还能清晰地看到红、黄、蓝、绿、紫等七种颜色呢？这么多的颜色又是怎么来的呢？

◎ 会弯曲的光

其实，彩虹的科学原理相当简单，只是一个基本的光学问题。彩虹形成的基本过程就是折射，也就是光的"弯曲"。当太阳光从一种介质穿越到另一种介质时，便会发生弯曲，准确地说，就是光的方向会发生改变，而太阳也是五颜六色的，也是由七种颜色组成的。然而，要想形成彩虹，还有一个重要因素就是水珠，因为当阳光射入空气中的水滴时会同时以不同角度入射，而在水滴内也会以不同角度反射，于是就形成了我们所见到的彩虹。这也就解释为什么只有在下过雨或下雨时才会有彩虹，而晴空万里却见不到彩虹了。

美育胎教：陶冶性情的胎教方式 —— 插花

日历翻到这个月，孕妈妈和胎儿都处于一个很稳定的时期，准爸妈自然要把握住这个胎教的最佳时机。下面就先预习一下本月的"胎教功课"吧。

几朵花、几片叶子，随心所欲地搭配、独具匠心地设计，就能瞬间让你的欣喜之情溢于言表，为你的孕前生活增添光彩，这就是插花的艺术魅力，陶醉于淡淡的馨香中，你就是世界上最美丽的风景。

插花素材来自于植物的枝、叶、花、果，先是用一定的工具将这些素材剪切下来，再经过修剪、整枝、弯曲等技术和构思、造型、设色等艺术加工。于是，之前的一个个小物件摇身一变，就会成为一件件精制完美、富有诗情画意的艺术品，活灵活现地再现了大自然之美和生活之美。当孕妈妈置身于赏心悦目的艺术品时，心中的欣喜之情一定会溢于言表，这对胎宝宝的健康成长也是大有益处的。可见，插花不仅是一种修身养性的艺术，更是一种精神放松法。

第26周 大脑发育进行时

这一段时间你可能只是感觉
小家伙更加爱闹腾了，
但你不知道，
这可是因为胎宝宝的大脑飞速发育的结果，
现在他（她）的大脑活动非常活跃，
大脑皮层表面开始出现一些特有的沟回，
脑组织增值迅速呢。

胎教情报站：妊娠抑郁症轻心不得

对于多数孕妈妈而言，腹中的宝宝就是快乐的源泉，然而，也有部分孕妈妈会出现不同程度的抑郁，妊娠期抑郁症如果没有得到重视和及时治疗，往往会给孕妈妈自身、胎儿以及整个家庭带来不少困扰。

◎ 小心被妊娠抑郁症盯上

当孕妈妈出现下面情况，就要当心是否被妊娠抑郁症"盯"上了。

☐ 总是担忧腹中的胎儿长不好，或者自己身体不好。

☐ 无缘无故就对老公流眼泪、发脾气。

☐ 面对产后的生活，有畏惧感。

☐ 非常容易疲倦、生气。

☐ 暴饮暴食或食欲下降，不喜欢运动或与他人交流。

☐ 总是提不起精神，对什么都不感兴趣。

◎ 走出妊娠抑郁症

为了摆脱妊娠抑郁症，轻松享受孕期生活，下面的建议孕妈妈要多留意哦。

◎ 安排些放松心情的活动，如散步、和朋友聊天、短途旅行等。

◎ 改变自己的形象，如买件漂亮衣服、剪个新发型都能增强你的自信。

◎ 给胎宝宝唱歌、讲故事，来自心灵的沟通最能增强孕妈妈的幸福感。

胎教早知道

应对妊娠抑郁症，最好不要用抗抑郁药物治疗，因为药物或多或少会对胎儿产生不利影响。

运动进行时：跟着"大肚婆"一起做运动

到了这个月份，胎儿的发育已经稳定，所以"大肚婆"也不要再偷懒了，赶紧运动运动，这不仅利于顺利分娩，还能给胎宝宝的健康出生打下良好的基础。还等什么？马上动起来吧。

◎ 忙里偷闲的小运动

头部运动：孕妈妈坐在椅子上，头前屈、后屈、左屈、右屈各10次；头向左转至最大限度，还原再向右转至最大限度，各10次；头向左右绕环各10次。

肩部运动：先挺腰，再将两肩向上耸以贴耳，停留10秒，放松，重复2~3次。

腕肘运动：手掌合十，手腕下沉至感觉前臂有拉伸感，停留10秒，重复2~3次；再将手指转向下，将手腕提升至有拉伸感，停留10秒，重复2~3次。

腿部运动：孕妈妈坐好，两腿尽量向前伸展并抖动，此时双手握拳敲打大腿两侧，以放松肌肉，1分钟左右。

◎ 运动的大肚婆更要好环境

不在马路边散步。马路上车流不息，汽车尾气对人体健康十分不利，对孕妈妈和胎宝宝影响更大。

不在热天里散步。炎热的天气容易让孕妈妈身体过热，所以热天孕妈妈最好在室内做简单运动。

公园河边好散步。这里绿植较多，空气清新，氧气浓度高，对孕妈妈和胎宝宝的身心都是大有裨益。

散步时间要选好。如果孕妈妈喜欢早晨散步，应在日出之后，因为日出前空气中有害物质较多；如果是在晚上，则应在7点之后，此时车辆减少，可以避开污浊的空气。

胎教早知道

对于久坐办公室的白领孕妈妈，最好每隔一小段时间就起来活动活动，以免血液循环不畅。或是可以做做简单的运动，或是只随便走动走动，都对胎儿有好处。

聪明妈妈教出聪明宝宝：教宝宝认识"孔明锁"

为了给胎宝宝的智力发育有个良性的刺激，孕妈妈就要多动动脑筋，可以和胎宝宝一起玩玩智力小游戏，对胎宝宝可是很好的锻炼机会，今天我们就一起来玩孔明锁。

孔明锁是中国传统的智力玩具，想必很多孕妈妈都玩过，这个游戏是三国时期诸葛亮发明的。它是通过凹凸部分相啮合的三维拼插玩具，在拼装的时候需要孕妈妈仔细观察，认真思考，才能完成拼插过程，你越是积极参与游戏，胎宝宝日后的逻辑推理能力就会越棒。

悦读时间：古诗《忆江南》

想要让胎宝宝感受一下大自然的绮丽风光，下面这首白居易的《忆江南》是个不错的选择，在这首诗中，孕妈妈和胎宝宝会领略到江南别样的迷人风景，还有那里美好的风土人情。

忆江南

江南好，风景旧曾谙。日出江花红胜火，春来江水绿如蓝。能不忆江南！

江南忆，最忆是杭州。山寺月中寻桂子，郡亭枕上看潮头。何日更重游！

江南忆，其次忆吴宫。吴酒一杯春竹叶，吴娃双舞醉芙蓉。早晚复相逢！

悦读的艺术

这三首词是白居易卸任苏州刺史，回到洛阳以后所作，诗中表达了诗人对祖国大好河山的热爱。

第一首总体描绘江南春色，从而发出"江南好""能不忆江南"的感慨；第二、三首则通过重点描绘苏杭来验证"江南好"，山寺寻桂、钱塘观潮、美酒佳酿"竹叶春"及美丽多姿、能歌善舞的苏州女子，通过这一切，一幅令人无比神往、充满旖旎风情的江南美景便呈现在世人的面前。

美育胎教：与胎宝宝一起看画册

在胎宝宝的发育过程中，为了给胎宝宝良性的刺激，丰富他的精神世界，与胎宝宝一起看画册，可是一次很好的锻炼机会哦。

◎ 挑选画册的标准

当孕妈妈为胎宝宝选择画册故事的时候，首先内容要富有创造力和想象空间，这样孕妈妈的自由发挥空间才会更大些。而且要选择色彩丰富、图文并茂的画册，孕妈妈可以更好地将画册中每一页所展示的幻想世界很好地讲给胎宝宝听。另外，画册的文字一定要读起来优美浅显、朗朗上口。

◎ 画册故事怎么讲

◎ 首先，孕妈妈一定要意识到，与胎宝宝一起看画册也是沟通心灵的一种重要方式，虽说胎宝宝不一定听得懂，但是胎宝宝总能感受到妈妈对他的爱。

◎ 在看画册故事时，孕妈妈可以将胎宝宝当成一个大孩子，用亲切的语言，娓娓动听地说给他听。在讲画册的过程中，孕妈妈也要随着故事情节的发展，不断地变换自己的语气、语调、语速。

◎ 孕妈妈讲画册时，要摆出一个自己感觉舒服的姿势，集中精力，吐字清晰，这些小细节胎宝宝也是能感觉到的。

胎教早知道

对胎儿讲画册故事时，所选故事的主题一定要有教育意义，这样才更有利于胎宝宝身心的健康成长。

手工生活：快乐七巧板

和胎宝宝做一个七巧板的游戏，可以促进胎宝宝的智力发育，对胎宝宝的想象力、观察力的培养也很有帮助哦！

◎ 小材料

一块纸板，一支黑笔，一盒彩笔，一把尺子，一把剪刀。

◎ 跟我学

Part1：在纸上用黑笔画一个正方形，并把它分为十六个小方格。

Part2：从左上角到右下角画一条线。

Part3：在上面的中间连一条线到右面的中间。

Part4：再在左下角到右上角画一条线，碰到第二条线就停笔。

Part5：再在左下角到右上角画一条线，碰到第二条线就停笔。

Part6：从刚才的那条线的尾端开始画一条线，画到最下面 3/4 的位置，从左边开始数，碰到线就停笔。

Part7：把它们涂上不同的颜色并沿着黑线条剪开，这样一副七巧板就做成了。

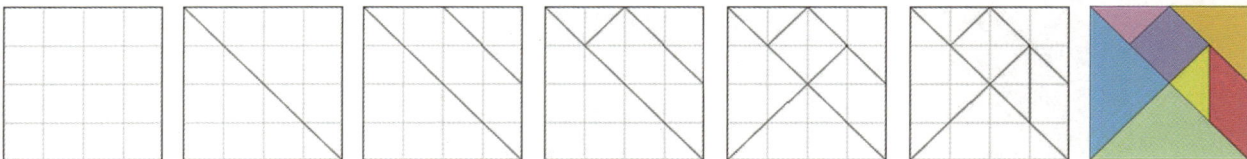

胎教早知道

相传，宋朝有一个叫黄伯恩的人，对几何图形很有研究。一天，他发明了一种用 6 张小桌子组成的宴几（吃饭用的桌子）。后来，人们为了用餐方便，把其改进为 7 张桌子组成的宴几，而且还能根据吃饭人数拼成不同形状。比如，3 人吃饭拼成三角形，4 人拼成四方形，6 人则拼成六方形。再后来，有人据此发明了一种拼图玩具，就是今天我们熟悉的"七巧板"。

第21周 听得更清楚了

以前你的小胎儿还只是能听到你的声音，
现在不同了，
只要准爸爸一开口，
小家伙就能听出他的声音了，
这是因为他（她）的耳朵的传音系统
已经完成了，
很神奇吧。

温馨叮咛：上班族孕妈妈的健康姿势

怀孕是孕妈妈一生之中的大事，它可能早就打破了你以往的平静生活。那么作为上班族的你，面对身体和心理的各种微妙的变化，是否找到一个让你更舒适，让胎宝宝更健康的姿势了呢？

◎ 上班妈妈怎样"走"

如果孕妈妈每天都要赶着上班，那么一定要注意自己的走姿：伸直脖子，挺直后背，绷紧臀部，把肚子抬起来，保持身体平衡。这样可以防止摔倒，也会让胎宝宝更舒服。同时，孕妈妈要记住，不要穿高跟鞋。

◎ 上班妈妈这样"坐"

对于长期伏案工作的孕妈妈，如何"坐"对胎宝宝十分重要，你可以将臀部抵住椅背根部，后背笔直地靠在椅背上，髋关节和膝关节成直角，大腿呈水平状态，且每隔1小时一定要站起来走动走动。

◎ 上班妈妈这样"躺"

如果你的公司够人性化，你能在中午小憩一会儿，那么你要选择侧卧，并用毯子支撑起肚子，下面的手放在毯子上，上面的手放在体侧，两腿可以稍弯曲，上面的腿伸向前方，以自己感到舒适为准。

◎ 上班妈妈这样"拿"

在办公室里，有时候需要你拿点儿东西或是找点儿文件，那么此时你需要屈膝落腰，完全下蹲，必要时可以单腿跪下，把要拿的东西紧靠着身体，然后再伸直双膝拿起。

◎ 上班妈妈这样"开"

如果你喜欢自己开车上班，那么一定要将坐椅适当往前拉，使得腰背部能够贴近椅背，否则容易伤害腰椎；另外，安全带不要紧勒在肚子上，车速不要太快，而且等孕晚期最好还是不要开车了。

胎教早知道

孕妈妈在上下楼梯的时候，一定要挺直脊背，不可弯腰或过度挺肚。

声音胎教：准爸爸的声音最适合胎宝宝

刚刚学会了给孕妈妈做按摩，今天再来温习一下对胎宝宝进行的语言胎教吧。这不仅能够开发胎宝宝的听力和智力，还能增进父子之间的感情，真是一举两得！

◎ 准爸爸多与胎宝宝说说话

研究表明，准爸爸的声音大多属于有磁性的中音或低音，而且频率更低，较孕妈妈来说，更容易被胎儿听到。因此，准爸爸一定要利用你的声音优势，多与胎宝宝说说话，而且这种交流还能建立起你与胎宝宝之间的亲密感。

◎ 这样"聊天"最有效

◎ 聊天的话题一定要丰富多彩，可以单纯地问候胎宝宝，问他睡得好不好、玩得开不开心；也可以将今天发生的趣事讲给胎宝宝听，让他和你一起分享快乐；给胎宝宝讲故事也是不错的互动方式。

◎ 与胎宝宝聊天的时候，一定要面带微笑，带着感情，绘声绘色地说，这样胎宝宝才会听得"更入神"。

◎ 聊天时，也要适时地赞美一下胎宝宝，这会让他更高兴，胎教效果也会事半功倍。不过准爸爸千万不能抱着应付的心态。

胎教早知道

有些准爸爸的性格比较内向，不善言辞，所以刚开始跟胎宝宝说话的时候肯定不习惯，也不知道该说些什么。其实，只要准爸爸调整好心态，想象着胎宝宝正认真地听你说话，就会非常自然亲切了。

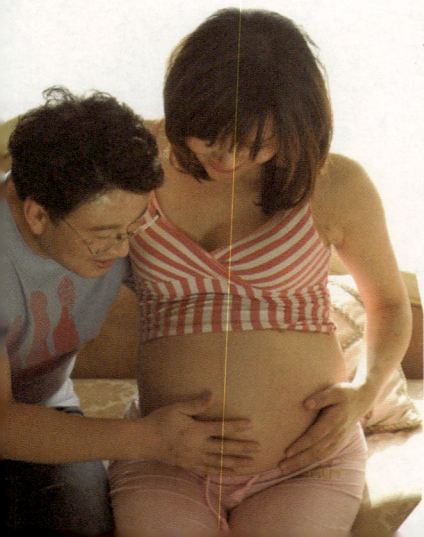

美育胎教：艺术欣赏 —— 刺绣

今天，孕妈妈可以和胎宝宝一起欣赏历史悠久、影响深远的刺绣艺术，孕妈妈在对美的追求与体会中可以提高修养、熏陶性情，而胎宝宝在这种艺术的熏陶下，也能健康、快乐地生长。

刺绣是中国民间传统手工艺之一，在中国至少有两三千年的历史。它是用针和线把人的设计和制作添加在任何存在的织物上的一种艺术。现如今刺绣主要分苏绣、湘绣、蜀绣和粤绣四大类，技法主要有错针绣、乱针绣、网绣、满地绣等几十种，用途主要有生活和艺术装饰两大类。

音乐之旅：儿歌《上学歌》

这是一首流行于20世纪五六十年代的儿童歌曲，简洁欢快的曲调、通俗易懂的歌词，深受人们的喜爱，它曾伴随一代又一代的人走过快乐的童年时光，它也寄予了无数听者对下一代人的殷切期望。

上学歌

太阳当空照

花儿对我笑

小鸟说早早早

你为什么背上小书包

我要上学校

天天不迟到

爱学习爱劳动

长大要为人民立功劳

听的艺术

这首歌非常适合孕妈妈在明媚的清晨倾听、哼唱，打开窗户，听着枝头鸟儿欢快的歌声，看着结伴而行的小学生，上学时的美好记忆将一股脑地涌进脑海里，崭新的一天将在愉悦的心情中开启。在倾听儿歌的过程中，孕妈妈可以为胎宝宝讲述自己所经历的那段快乐的童年时光，在追寻记忆的过程中，孕妈妈会获得满满的幸福感，而这份心意也将传递给胎宝宝，让他也跟着快乐起来。

爱之手语（7）：我很开心

今天孕妈妈试着用这句爱的手语"我很开心"来向胎宝宝传达自己的好心情吧，让他在分享快乐的同时，也能学会将自己的喜悦感受与他人共享。

我：一手食指指自己。

很：一手拇指指尖抵于食指跟部，向下一沉。

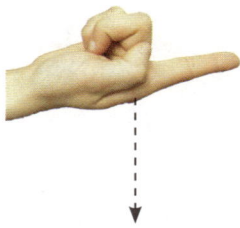

开：双手并排，掌心向外，然后向内翻掌并拉开，掌心向内。

心：双手拇指、食指搭成"心"形，贴于左胸部。

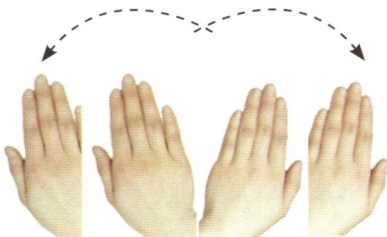

爱之手语

孕当孕妈妈有担心、紧张、抑郁或烦闷的情绪时，不妨做一做这个手语，经常练习可以消除孕妈妈的不良情绪，对生活充满热情与信心。

第28周 我很爱学习哦

虽然现在胎宝宝的记忆力还不是很强，
但是小家伙却每天都期待着
从妈妈那里学习到更多的东西，
所以，
你的一言一行都要多加留意，
这在很大程度上会关系到日后宝宝的性格呢。

情绪胎教：孕妈妈不要过于依赖家人

这个时期的孕妈妈就是全家人的重点保护对象。家人的呵护和关怀固然可以使孕妈妈感觉到温暖和幸福，但是孕妈妈也不能养成过分依赖家人的习惯，而是应该学会自我呵护、自我鼓励、自我独立。

◎ 依赖也要把握好度

对于孕妈妈来说，最容易依赖的对象是准爸爸，他的细心呵护对孕妈妈来说至关重要。不过，尽管孕妈妈可以理直气壮地享受准爸爸的细心呵护，但也要把握好一定的度，不能过分依赖，否则时间久了，孕妈妈的心理会变得十分脆弱，变得极度缺乏安全感，只要稍有不如意，就感觉到委屈，甚至愤怒。这样一来，不仅对自身和胎宝宝的身心造成不利影响，还会影响夫妻之间的感情。

◎ 如何摆脱过分依赖心理

想要摆脱过分依赖的心理，孕妈妈要补充足够的"心理营养"，这样才能保证母婴健康。比如，通过看看书、听听音乐、散散步、做做小手工等这些有利于身心的活动，孕妈妈的心理将得到充实，依赖感自然也随之减弱；再如，孕妈妈可以多找朋友聊聊天，充分享受与他们在一起的快乐，让他们的良好情绪感染自己，一个快乐的孕妈妈是不会产生依赖心理的。

胎教早知道

如果此时孕妈妈的身体状况良好，建议正常上班，这对改善过分依赖家人的心理状态也是大有帮助的。

温馨叮咛：积极预防早产

- -

　　每位孕妈妈都希望自己的小宝贝足月降生，但是，如果在怀孕满28～37孕周之间发生分娩，医学上则称之为"早产"。积极预防早产是降低围生儿死亡率和提高新生儿素质的主要措施之一，因此，孕妇妈要格外小心。

- -

◎ 引起早产的原因

　　要想预防早产，首先要弄明白引起早产的原因，这样方能防患于未然。通常，如果孕妈妈患有急慢性疾病或生殖器官出现异常，都有可能导致早产。如果孕妈妈缺乏正确的卫生常识，妊娠后常常房事不节，也可能会引起早产。同时，如果为双胎和多胎妊娠或羊水过多，也易发生早产。另外，胎盘位置不正常也是一个不可忽视的早产原因。

◎ 预防早产的措施

　　孕妈妈要多吃些蛋白质丰富的食物如鱼、肉、蛋及豆类食品，新鲜的蔬菜也可以多吃些。同时，要注意多休息，避免过度劳累和精神紧张；外出时一定要注意安全，尽量避免到人多拥挤的地方去；要避免感染，节制性生活；一旦出现早产先兆，一定要卧床休息，采用左侧卧位的姿势来改善子宫和胎盘的血液循环，减少子宫腔内向宫口的压力。

胎教早知道

　　孕妈妈一旦出现未满孕周"见红"并伴有规律宫缩、持续性下腹痛、下背酸痛、阴道有温水样的东西流出等早产征兆，就要及时去医院接受检查。

美育胎教：艺术欣赏——剪纸

当孕妈妈看到这幅剪纸图案的时候，是不是被它精美的造型、吉祥的寓意所感染，这就是剪纸艺术的独特魅力。相信你会从这种自剪自乐的活动中得到不一样的乐趣与满足！

剪纸是一门历史悠久的传统艺术，也是我国文化宝库中重要的组成部分。在纸张出现之前，我国就已经有了剪纸艺术。剪纸取材丰富，有金箔、银箔、薄铜、布帛、皮革、树叶等。剪纸手法多样，有剪、刻、镂、剔等。剪纸凭借其喜庆的颜色、丰富多变的题材、丰满严谨的构图及浓郁的乡土气息而广受人们的喜爱。而且剪纸作为一项手脑结合的活动，对胎宝宝的健康发育也非常有益。可以开发孩子的形象思维、创造思维以及情感思维，也能充分提高孩子的创造力，培养其审美能力。

描绘一下心中的宝宝（孕7月）

　　又一个月即将过去了，距离胎宝宝出世的日子也越来越近了，爸爸妈妈一定很激动，也很欣慰吧！心动不如行动，在心中描绘出他讨喜的俏模样吧！

静静闭上双眼，双手轻轻抚摸日渐
"活泼好动"的胎宝宝，
用心去体会这令人感动的瞬间……

本月准爸爸课堂

28 周你会惊喜地发现，小宝贝又长大了不少。但同时，也更要密切注意小家伙的一举一动。此时准爸爸的任务主要有两大项。

◎ 协助孕妈妈做好自我监护

计数胎动：每天早、中、晚各 1 次，每次 1 小时，将 3 次胎动次数相加乘以 4 就等于 12 小时内的胎动数，当胎动低于 30 次时即应引起警惕。

监测胎心：准爸爸将耳朵直接贴在孕妈妈腹部即可听到胎心音，正常应在 120~160 次 / 分，超过范围应及时就医。

腹围测量：准爸爸可用软尺帮助孕妈妈测量腹围，一般从 20~24 周平均每周增长 1.6 厘米，24~36 周每周增长 0.84 厘米，之后为每周增长 0.25 厘米。

体重测量：监督孕妈妈每周测量体重，一般孕 20 周后，每周体重增加应不多于 0.5 千克。

◎ 积极参与睡前胎教

到孕 7 个月时，胎宝宝的听力已初步完成，能听到周围世界的声音，所以爸爸妈妈每天都应多与胎宝宝对话。研究显示，胎宝宝更喜欢父亲低沉浑厚的声音。每天晚上就寝前，准爸爸可以轻抚孕妈妈的腹部，柔声说："哦，小宝贝，爸爸来啦，这是小脚丫吗？这是小手吧，来让爸爸摸摸……哦，小可爱，再来伸一伸小腿儿吧……"准爸爸与胎宝宝的对话内容很随意，不必拘泥。

胎教早知道

准爸爸按摩时，动作要轻柔、力度要稳，并随时观察孕妈妈的表情和询问其感觉，一旦孕妈妈感觉不舒服，应立即停止按摩。

快乐的8月（29~32周）：一切在爱中延续

到了孕8月，孕妈妈和胎宝宝又有了新的变化，而这些变化也意味着胎宝宝在孕妈妈的肚子里又健康平稳地度过了一段快乐的时光。下面，我们一起来分享一下这令人欣喜的改变吧！

◎ 胎儿的变化

◎ 此时的胎宝宝已经有了在子宫外生存的能力，以脑为主的神经系统及肺、胃、肾等脏器的发育趋于成熟；

◎ 身长38~43厘米，体重1.1~1.5千克，肌肉和肺继续成熟，皮下脂肪也逐步形成，因而胎宝宝看起来圆润多了，不再像个皱巴巴的小老头；

◎ 伴随着胎宝宝的成长，他的自由活动空间越来越少，进入本月末，他已经没了自由活动的空间，但他的活动力增大了，孕妈妈会感觉到痛；

◎ 胎宝宝听力增强了，触觉也发育完全，这样一来，他能够根据外界的刺激做出不同的反应。

◎ 母体的变化

◎ 进入这个月，孕妈妈的下腹较上月更为隆起，子宫的宫底上升到胸与脐之间，宫底高度为26~30厘米；

◎ 由于孕妈妈的内脏受到了向上的推挤，因而心、肺会有压迫感，呼吸自然会有些不畅，食欲也会受到影响。

胎教早知道

随着孕妈妈体内黑色素的增多，有些孕妈妈的脸颊和鼻子两侧会出现妊娠纹，同时乳头、下腹部、外阴部的皮肤颜色会明显变深。这些都是正常的妊娠反应，孕妈妈无须过分担心，但如果孕妈妈出现头晕、乏力等症状时，则需要及时去医院检查，这有可能是贫血或高血压的症状，不可不防。

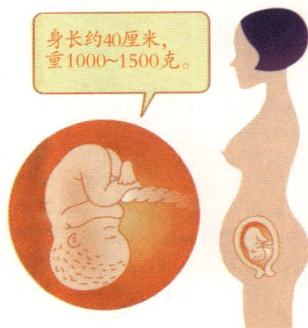

身长约40厘米，重1000~1500克。

第29周 不老实的小家伙

进入29周，
胎宝宝的活动空间越来越小，
但是这个不老实的小家伙还是很好动，
他（她）会在你的肚子里不停地变换体位，
一会儿头朝上，
一会儿头朝下，
或伸伸胳膊蹬蹬腿儿，
总之，不停地动。

完美营养：让食疗帮你赶走水肿

这个时期的孕妈妈会出现不同程度的水肿，这是一种正常的孕期反应，孕妈妈不必多虑，不妨在你的菜篮子里添加些利水食物，可以有效摆脱这个难题。

◎ "两宜两忌"

孕妈妈选择利水食物时，要遵循"两宜两忌"的原则，这样才不会弄巧成拙。

（√）富含优质蛋白的食物，如鱼、虾、蛋、奶及豆类食物，孕妈妈应多吃。

（√）蔬果含有多种维生素和微量元素，可以提高机体抵抗力、加强新陈代谢，还有解毒利尿的作用。

（X）过咸食物会加重孕妈妈的水肿现象，因而不宜吃。

（X）难消化、易胀气的食物，如白薯、洋葱、土豆、油炸糕等食物，易引起腹胀，加重水肿，孕妈妈也不宜吃。

◎ 去肿食谱 DIY

◎ 赤小豆山药粥：赤小豆煮成八成熟时放入洗净并切成块状的鲜山药，待赤小豆和鲜山药全部熟烂后加入少许糖调味即成。

◎ 黑鱼冬瓜汤：将黑鱼宰杀后洗干净备用，然后将冬瓜洗净、切块，接着将它们一同放入瓦锅中炖煮，待鱼熟烂后，加入葱白、大蒜，吃鱼喝汤。

◎ 冬瓜猪肉汤：冬瓜洗净后切成小片，瘦肉洗净后切成细丝，然后将它们一同放入煮开的沸水锅中，并加入少许食盐调味，待锅再次煮开即成。

胎教早知道

日常小动作也可以帮助孕妈妈消除水肿，如平躺时把小腿垫高，坐着时把脚垫高，卧床时尽量左侧卧。

运动进行时：孕晚期运动胎教好处多

令人期待的日子越来越近了，孕妈妈的肚子也是越来越大了，行动很是艰难。尽管如此，孕妈妈千万不要一直待在家里不动，而应该量力而行、适时地做做运动，这对孕妈妈自身和胎宝宝来说都是大有好处哦！

◎ 孕晚期也要"动"起来

孕妈妈在晚期做适当的运动可以增加血液交换、促进胃肠蠕动，从而增进孕妈妈的食欲；还可以增强孕妈妈腹肌、腰肌和骨盆底肌的力量，避免过度肥胖，减少妊娠水肿和高血压的发生，为日后的顺利分娩创造有利条件

◎ 孕晚期妈咪的运动要点

◎ 对于这个时期的孕妈妈，散步是理想的运动方式，但要遵循两个原则：速度慢、时间短，这样不仅可以锻炼骨盆底肌肉和腹肌，为分娩做好准备，还能增强胎宝宝的活力，让他发育更健全、更健康。

◎ 孕妈妈还可以做些简单的伸展运动，如坐在垫子上屈伸双腿，平躺在床上轻轻扭动骨盆，身体仰卧、双膝弯曲、用手抱住小腿等。不过，孕妈妈每次做操时间最好控制在5~10分钟。

胎教早知道

孕妈妈做适量的运动对胎宝宝也是非常有益处的，不仅可以增加胎宝宝的血液交换，让他能够吸收到更多的氧气，同时将废物排出，而且还能刺激胎宝宝大脑、感觉器官、平衡器官，以及循环和呼吸功能的发育。

温馨叮咛：孕晚期的睡眠质量很重要

正在辛苦孕育宝宝的孕妈妈，营养消耗大、身体易疲劳，尤其需要高质量的睡眠来保证胎宝宝的健康发育。今天，我们就为孕妈妈准备了一套安全待产的睡眠法则，就连正在被睡眠困扰的孕妈妈也能从此好梦常伴！

◎ 正视你的睡眠状况

进入孕晚期，孕妈妈的子宫已经愈撑愈大，经常顶到横隔膜，这会让呼吸变得急促起来，再加上胀气等肠胃不适现象频仍，小腿抽筋、腰部酸痛、皮肤瘙痒、打鼾等不适状况也接连"造访"，这让孕妈妈心力交瘁，睡眠质量深受影响，这对自身和胎宝宝来说都是极为不利的，所以必须对睡眠质量高度重视。

◎ 优质睡眠的小窍门

◎ 晚饭后，到外面散散步，这样不但能缓解妊娠紧张，也能促进睡眠。

◎ 临睡前，为自己泡一杯不含咖啡因的热饮，有助于放松神经，促进睡眠。

◎ 睡前泡脚后，准爸爸为孕妈妈做做足底按摩，若是再配上一段旋律优美、舒缓的乐曲，就更能放松心情，提高孕妈妈的睡眠质量。

◎ 用温馨的卧室、柔和的灯光、适宜的温度营造一个良好的睡眠环境，在这种环境下，孕妈妈自然会有一种想要睡个好觉的心理暗示，这样睡眠欲望也会变得强烈起来。

胎教早知道

研究表明，孕妇在孕晚期时，处于深度睡眠的时间会减少，并会在夜间时时醒来，也就是说，孕晚期睡眠质量会比其他任何时候都差。

聪明妈妈教出聪明宝宝：教胎宝宝认识动物

动物是我们人类的好朋友，当孕妈妈引领胎宝宝走进动物乐园，伴随着最有趣的故事、最优美的图画，胎宝宝一定会在认识动物的过程中，更快地认识这个世界，获得更多的快乐。

◎ 这样教更有趣

在教胎宝宝认识动物之前，孕妈妈先要准备好相关的教学道具，可以直接去书店买成套的动物卡片，也可以自己制作一些独具匠心的动物卡片。然后，再将卡片上的动物的外形，头部、毛色、尾部、四肢是什么样的，以及它的生活习性，比如怎样嬉戏、怎样吃东西、睡觉等，——绘声绘色地讲给胎宝宝听，你越是观察得仔细，越是融入自己的喜爱之情，对胎宝宝的胎教效果就越明显。

◎ 在儿歌中认识小动物

为了将动物特征更好地印刻在胎宝宝的脑海中，也可以用简短、形象的儿歌来表述，这种胎教方式有趣又有效。

（一）

小松鼠，尾巴大，
轻轻跳上又跳下。
我帮你，你帮他，
采到松果送回家。

（二）

小鸡小鸡叽叽叽。
小鸭小鸭嘎嘎嘎。
叽叽叽，嘎嘎嘎。
唱起歌来哈哈哈。

> ### 胎教早知道
>
> 描述小动物的时候，要恰当地运用拟人的手法，这样胎宝宝眼里的小动物才会变得更加活泼可爱。

音乐之旅：《小狗圆舞曲》

想要拥有一份快乐的心情吗？不妨听听肖邦的钢琴圆舞曲经典之作《小狗圆舞曲》，这首旋律活泼的曲子会让人不自觉地快乐起来。

调皮快乐的小狗

《小狗圆舞曲》是肖邦1846年创作的，是15首钢琴圆舞曲中最短小通俗、悦耳动听的一曲，主要描述了一只小狗咬着自己尾巴原地打转的有趣情景。

舞曲共分为三段，其中前后两段遥相呼应，是舞曲的主要内容。第一段的速度极快，音乐流畅、活泼，聆听者仿佛依稀可见一只小狗一边旋转一边做着滑稽的动作。第二段是一个抒情段落，深情而富有歌唱性，虽然只有短短的四个小节，但音乐鲜明，表现力丰富，使音乐显得格外雅致。第三段是第一段的深化，加强了旋律的表现力，使原来的歌唱性音乐变得更加生动有趣。

听的艺术

孕妈妈在听《小狗圆舞曲》的时候，可以一边用手轻轻捧着肚子，一边跟随音乐的节奏展开丰富的想象，将小狗逗乐的景象再现，这样一来，孕妈妈和胎宝宝都能从音乐当中收获一份快乐，享受一种幸福。

美育胎教：给胎宝宝读古诗《春晓》

今天孕妈妈要给胎宝宝读一首名为《春晓》的古诗，孕妈妈可以通过读这首诗和胎宝宝一起分享春天的美好，并珍惜和胎宝宝在一起的每一天。

春　晓　孟浩然

春眠不觉晓，处处闻啼鸟。

夜来风雨声，花落知多少。

悦读的艺术

《春晓》这首诗是山水田园诗人孟浩然写的，他为我们展现了一幅雨后清晨的春景图，诗人只用寥寥数笔，便将不经意间感受到的浓浓春意勾勒得淋漓尽致，让人回味无穷。孕妈妈可以一边读，一边在脑海中想象这样一幅生动的画面：一个春天的早晨，诗人从一阵阵鸟叫声中醒来，发现天已经大亮，突然想起昨晚好像听到了风雨声，便想着庭院中盛开着的花朵一定被打落了不少。

第30周 睡眠规律了

现在小宝宝的各种感觉器官
都已经有不错的敏感度了,
而且正在逐渐形成规律的睡眠,
对黑夜和白天也开始有了初步的模糊意识,
所以孕妈妈也要养成好习惯,
这样等宝宝出生后可以大大减少
半夜哭闹的烦恼。

完美营养：给胎宝宝补补脑

希望自己的小宝宝活泼可爱、聪明伶俐吗？那就适时适宜地补充补脑佳品吧，无论对准妈妈，还是对胎宝宝，这都是一件极其重要的事情啊。

◎ 胎宝宝脑部发育进入关键期

根据人类大脑发育的特点，脑细胞分裂活跃有 3 个时间阶段：妊娠早期、妊娠晚期及出生后的 3 个月内。而且，在妊娠晚期，胎儿生长迅速、体重剧增，逐渐成熟的听觉、视觉也让胎儿慢慢感受了外面的世界。因此，孕妈妈要抓住这一关系到胎儿脑部发育的重要时期，正确合理地给胎宝宝补补脑。

◎ 七大补脑黄金营养

人的大脑主要由脂类、蛋白类、糖类、B 族维生素、维生素 C、维生素 E 和钙等七种营养成分构成。其中，脂类包括脂肪酸和类脂质（主要为卵磷脂），这是胎儿大脑发育的关键；胎儿大脑发育需要 35% 的蛋白质，以维持和发展大脑功能，增强大脑的分析、理解及思维能力；糖是大脑唯一可以利用的能源；维生素及矿物质可以增强脑细胞的功能。因此，孕妈妈要注意摄取富含这些营养素的食物给胎儿补好脑。

胎教早知道

坚果富含对大脑神经细胞有益的多种营养素，素有"强脑之果"的美称，是补脑、益智的佳品，像核桃、花生、瓜子、松子、榛子等都是美味有益的坚果类食物。但是，坚果油性大，孕妈妈要适可而止，以免引起消化不良，甚至出现"脂肪泻"（油花样腹泻）。

胎教情报站：教你如何数胎动

进入本月，胎宝宝的胎动越来越频繁了，是被外面的声响吵醒了？还是被孕妈妈的呼唤叫醒了？不管怎样，只有正常的胎动才是胎宝宝健康的象征。从现在开始，就让我们留心胎动变化，开始数胎动吧！

◎ 教你如何数胎动

孕妈妈在早、中、晚固定时间各数 1 小时，取卧位或坐位，集中精神，若连续胎动或在同一时刻感到多处胎动，只能算做一次，待胎动完全停止后，再接着计数，最后将 3 次胎动的次数和乘 4，即为 12 小时的胎动次数。当 12 小时内胎动次数达 30 次以上时，则表示胎宝宝状况良好；若胎动少于 20 次，则说明胎宝宝情况异常；如果胎动少于 10 次，这种情况则提示孕妈妈胎宝宝严重缺氧。

◎ 胎动异常怎么办

◎ 胎动突然减少，多为孕妈妈感冒发烧所致。需要注意的是，一般性的感冒对胎宝宝无太大影响，但感染性疾病或是流感对胎宝宝的影响就很大。所以为了胎宝宝的健康，在流感高发期，孕妈妈要避免到人流多的地方去，注意多休息，保持室内空气流通，多喝水，多吃新鲜蔬菜和水果。

◎ 胎动突然加快，多为孕妈妈受到剧烈的外伤所致。所以孕妈妈要非常小心，少去人多的地方，以免被撞倒；另外，还要减少大运动量的活动。

胎教早知道

胎动是指胎宝宝在子宫腔里的活动，如伸手、踢腿等冲击到子宫壁的动作。

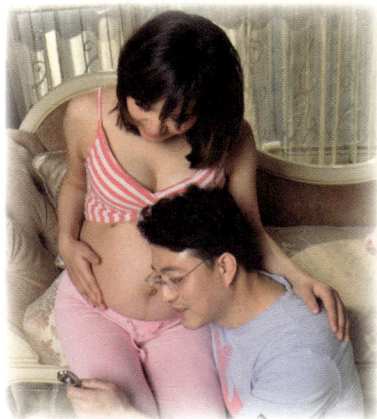

运动进行时：孕晚期的坐立行走

随着孕妈妈身子的越来越沉，行动也会变得更为迟缓，所以在日常生活中一定要小心谨慎，以安全为第一要务，尤其在坐立行走方面。

◎ 这样"坐"才正确

孕妈妈的臀部抵住椅背根部，后背紧靠在椅子背上，必要时还可以放一个小枕头在靠肾脏的地方，髋关节和膝关节成直角，大腿呈水平状态。更为重要的是，孕妈妈最好时常起来活动一下筋骨，做做孕妇保健操，这对孕妈妈和胎宝宝都是有好处的。

◎ 这样"站"才舒服

孕妈妈的正确站姿是：挺直站立，抬头挺胸，两腿平行，双脚稍微打开，把重心放在脚板上；缩紧小腹和臀部，下颚往内收，将背部肌肉伸展开来。

◎ 这样"行走"才安全

徒步行走对孕妈妈来说是很有益处的，它可以增强孕妈妈腿部肌肉的紧张度，预防静脉曲张，并增强腹腔肌肉。为了保持平衡、避免摔倒，孕妈妈应穿一双低跟、掌面宽松的鞋子，走路姿态方面，脖子要伸直，后背要挺直，肩部要放松，臀部要绷紧，把肚子抬起来。

胎教早知道

孕妈妈应尽量避免久站，不要一个姿势站到底，最好每隔几分钟就调整一下脚的位置。

情绪胎教：和准爸爸玩个换位游戏

今天，孕妈妈要跟准爸爸做一个游戏，名字就叫做换位体验，也就是互换角色，站在对方的角度感受对方的日常生活。相信，在整个游戏过程中，孕妈妈和准爸爸一定会收获满满的幸福感，而这种幸福感也会传递给腹中的胎宝宝。

◎ 换位体验如何玩

这个游戏可以在家里进行，游戏之前先让准爸爸在腹部绑一个枕头，最好有点儿重量，这样才能体会得更真切。绑好之后，孕妈妈可以让准爸爸做几件你平时做的事情，如打扫屋子、擦桌子、睡觉等，如果过程中准爸爸的动作不对，对胎宝宝有伤害，孕妈妈要及时提醒。游戏最后，准爸爸可以先说说自己的感受，然后孕妈妈对准爸爸的表现做一下点评，并适时地鼓励一下，这样一来，夫妻间的感情也会在无形中得到加深哟！

◎ 邀胎宝宝做"考官"

在玩游戏的过程中，爸爸妈妈可不要忽略了胎宝宝，可以请他当"考官"，体验过程中不妨多问问胎宝宝准爸爸的表现如何，并不时地将游戏中发生的趣事讲给胎宝宝听，这样一来，小家伙准会高兴极了。

胎教早知道

游戏过后，准爸爸不妨再扮演一下胎宝宝的角色，喃喃地对孕妈妈说几句感谢的话，这样孕妈妈一定会非常感动，夫妻感情也会更加和睦。

手工生活：玩一玩闪光卡片的游戏

闪光卡片可是孕妈妈不可多得的胎教道具，和胎宝宝一起玩闪光卡片，可以帮助孕妈妈强化意念、集中注意力，还能获得明确的视觉感。

◎ 做一张精美的闪光卡片

闪光卡片的制作非常简单，只需一张质地稍硬的白纸、一支彩色笔和一支黑色签字笔即可。做时先将白纸裁成若干等大的正方形，边长最好在15厘米以上，然后在上面写上内容，为了醒目些，先以彩色笔勾画，再用黑色签字笔勾边，这样一张精美的闪光卡片就做好了。

◎ 如何使用闪光卡片

孕妈妈最常在闪光卡片上写字母或者数字，在使用闪光卡片时，孕妈妈要集中注意力，并积极地进行联想，最好将想法一一说出来，这样一来，胎宝宝不仅能够听到，也能感受得到。比如在教大写字母"A"时，可以将它想象成是一顶尖尖的帽子、一把梯子、一座铁塔等，想象完之后，带着胎宝宝连贯地读几遍，力求做到平面形象与立体实物结合在一起，这样胎宝宝便会记得更牢固了。

> 孕妈妈在和胎宝宝玩游戏之前，一定要保持平静的心情，这样才能让感觉和思考与胎宝宝相吻合，从而达到理想的胎教效果。为此不妨做几次深呼吸，这样可以让心情尽快得到平复。

胎教早知道

聪明妈妈教出聪明宝宝：魔方转一转

孕妈妈在闲暇时刻不妨动手转一转魔方吧，要知道活动手指本身就是一种健脑活动；另外，转魔方的过程也是开发智力、强化逻辑、建立空间感的过程。

◎ 认识一下熟悉的魔方

魔方，又叫魔术方块，也称鲁比克方块，是匈牙利布达佩斯建筑学院厄尔诺·鲁比克教授在 1974 年发明的。当初他发明魔方，仅仅是作为一种帮助学生增强空间思维能力的教学工具。但要使那些小方块可以随意转动而不散开，不仅是个机械难题，这牵涉到木制的轴心、座和榫头等。直到魔方在手时，他将魔方转了几下后，才发现如何把混乱的颜色方块复原竟是个有趣而且困难的问题。鲁比克就决心大量生产这种玩具。魔方发明后不久就风靡世界，人们发现这个小方块组成的玩意实在是奥妙无穷。

◎ 准爸爸也要积极参与

想要将一个打乱的魔方复原一面，这对孕妈妈来说是不困难的；但如果将六面完全复原，这对孕妈妈来说有些困难。这时不妨请准爸爸来帮忙吧，他们对这种益智玩具有一种本能的兴趣。让准爸爸

教孕妈妈转魔方，既可以增进夫妻之间的情趣，又可以让胎宝宝玩得更开心。

第31周 小眼睛开开合合

你当然看不见，
不过我可以告诉你，
现在胎宝宝已经学会睁眼闭眼了，
他（她）睡觉时会闭上，
醒着时就睁开，
能区分白天和黑夜。
所以，
你的行为举止可要注意了，
小家伙在监督你呢。

聪明妈妈教出聪明宝宝：教胎宝宝认识数字

生活中到处都存在着数字的身影，善于利用数字的奥秘对胎宝宝进行胎教教育，对他来说，不仅是一项新奇的体验，更能从中体会到别样的乐趣。

◎ 数字卡片很重要

孕妈妈在教胎宝宝认识数字之前，要事先准备好识数卡片，可以自制，也可以去书店购买。有了这些图形做基础，就可以将其视觉化后传递给胎宝宝。

◎ 形象化的语言更关键

在教胎宝宝认识数字的时候，除了数字卡片外，还需要借用形象化的语言来增强胎教效果。

孕妈妈可以将数字组成一个简短的语句说给胎宝宝听。比如，"1只小花猫正在呼呼睡懒觉"、"2个小朋友手拉手做游戏"、"3只小鸟在树上唱着歌"……这类语句对加深胎宝宝的记忆都是大有帮助的。

孕妈妈还可以用形象的比喻来教胎宝宝认识数字。比如，"1"像铅笔细又长、"2"像小鸭水上漂、"3"像耳朵听声音……一首轻快的儿歌过后，胎宝宝对数字的印象一定会非常深刻。练习时，如果孕妈妈能够借用相应的实物，胎教效果会更好。

胎教早知道

无论孕妈妈采取什么样的方法教，最重要的是将学习内容与生活紧密地联系在一起，这样一来，胎宝宝不仅数字记得牢，待他出生后，对周围的事物也会有比较深刻的印象。

美育胎教：名画欣赏《哺乳》

母爱是风，吹散我们成长的苦恼；母爱是灯，照亮我们前行的路；母爱是水，滋润我们干渴的心田……在孕育生命的过程中，内心深处强烈的母爱让我们情不自禁地沉浸在甜蜜、幸福的氛围中。

名画赏析

这幅《哺乳》创作于1886年，作者雷诺阿用细腻的笔触描绘了一幅温馨、惬意的亲子画面：母亲面容慈祥，在她的身上笼罩着爱的光环，让她看起来那么的美丽圣洁；怀中的婴儿心满意足地吮吸着妈妈的乳汁，这从她舒服惬意的眼神以及用胖胖的小手扳住一只翘起的小胖脚这一可爱的动作中可以看出。当孕妈妈看到这幅画面时，一种强烈的母爱是不是油然而生，是不是对这样的场景充满向往。这便是母爱的魅力所在。

温馨叮咛：不可忽视的腹痛

怀孕 8 个月，胎宝宝不断长大，孕妈妈的腹部也逐渐加重，所以出现腹痛的次数也会增多。那么，哪些腹痛是生理性的，哪些又是病理性的呢？

◎ 三大生理性腹痛

子宫增大压迫肋骨：增大的子宫可不断刺激肋骨下缘，引起孕妈妈肋骨钝痛。一般来讲，这属于生理性的，不需要特殊治疗，左侧卧位有利于疼痛缓解。

假临产宫缩：妊娠晚期，孕妈妈可因假宫缩而引起下腹轻微胀痛，宫缩频率不一致，持续时间不恒定，间歇时间长且不规律，宫缩强度不会逐渐增强，不伴下坠感，白天症状缓解。

胎动：自 32 周之后，胎儿逐渐占据子宫的空间，他（她）的活动空间也将越变越小，当他（她）的头部撞在你骨盆底的肌肉时，您会突然觉得被重重一击。只要胎动正常，一般并无大碍。

◎ 两大病理性腹痛

胎盘早剥：多发生在孕晚期，准妈妈可能有妊娠高血压综合征、慢性高血压病、腹部外伤。下腹部撕裂样疼痛是典型症状，多伴有阴道流血，应提起高度警惕。

先兆子宫破裂：子宫破裂可直接威胁产妇及胎儿生命，子宫有先天畸形、使用过量催生药物、产道有阻碍、瘢痕子宫的孕妈妈有可能会发生。子宫破裂常发生于瞬间，之前产妇感觉下腹持续剧痛，极度不安、面色潮红、呼吸急促，此时为先兆子宫破裂；子宫破裂瞬间撕裂样剧痛，破裂后子宫收缩停止，疼痛可缓解，但随着血液、羊水、胎儿进入腹腔，腹痛又呈持续性加重，孕妇呼吸急促、面色苍白、脉搏细数、血压下降，陷于休克状态。

胎教早知道

有些孕妈妈腹痛还可能是急性阑尾炎，但由于胎宝宝的存在，孕妈妈右腹部的压痛会随着月份的增加而逐渐上移。所以，孕妈妈也应多加注意。

悦读时间：《小鸟和大熊》

小鸟没了唱歌的地方，大熊没了睡觉的地方，那么它们会怎么做呢？跟孕妈妈一起来读《小鸟和大熊》的故事吧！

小鸟和大熊

小鸟和大熊是好朋友。小鸟在树枝上唱歌，大熊在下面的树洞里睡觉。冬天来了，小鸟要飞到温暖的南方过冬，大熊也要进树洞里睡觉。它俩约定春天再见面。

春天到了，小鸟飞回来了，但大树不见了，大熊则坐在树墩上哭鼻子。小鸟飞到跟前，关心地问道："大熊，你为什么哭呢？我们的大树呢？""大树让伐木工人锯走了！"大熊伤心地说。"别难过，只要树根还在，大树就会发出新芽。"小鸟说。于是，小鸟和大熊找呀找，真的在树墩边上找到了一棵小小的新芽，它俩高兴极了。可是没有大树，小鸟上哪儿唱歌呢？大熊眨眨眼睛，站到树墩上，装扮成一棵神气的大树。小鸟飞到"熊树"上，唱起了快乐的歌，大熊则随着歌声摇摇摆摆，跳起舞来。

后来，小鸟请来别的鸟儿和小松鼠，开了一场音乐会。大熊呵呵笑着，在山坡上奔跑。鸟儿围着大熊飞，松鼠追着大熊跳，场面热闹极了。小嫩芽在歌声和笑声中长呀长，很快就长成了一棵小树苗。

转眼间冬天又来了，又到了小鸟和大熊分别的时候，它俩还是约定春天再见面。第二年春天，小鸟飞回来的时候，看见大熊和一棵挺拔的小树站在一起，挥着手说："欢迎！欢迎！"小鸟又可以在树上唱歌了。但有的时候，小鸟也飞到大熊的头顶上玩一会儿，因为它很喜欢这棵会跳舞的"熊树"。

爱之手语（8）：我为你骄傲

看着胎宝宝一天比一天进步，孕妈妈是不是打心眼里感觉无比的欣慰和骄傲呢？今天就用这句爱的手语——"我为你骄傲"来向胎宝宝表达你对他的肯定及喜爱之情吧！

我：一手食指向自己。

为：一手伸出拇指、食指，以腕部转动几下。

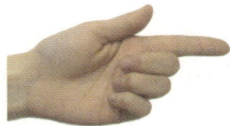

你：一手食指指向对方。

骄傲：双手伸出拇指，在胸前上下移动几下。

爱之手语

高尔基曾经说过："世界上的一切光荣和骄傲，都来自于母亲。"然而，在孕育生命的过程中，每一位孕妈妈都会从生命的奇迹中感受到无比的骄傲和荣耀。

217

第32周 头朝下的小 baby

现在胎宝宝的身体几乎将整个子宫都挤满了，
手脚也有点儿动不开，
只有在姿势不舒服时他（她）才会
勉强扭动两下。
另外，
小家伙已经悄悄地把头转到下面，
为出生做准备了。

运动进行时：助产运动巧练习

想要顺利分娩吗？想要减轻分娩时的疼痛吗？想要在产后迅速恢复身材吗？孕妈妈不妨从这个时候做助产运动练习，试想花两个多月的时间便能得到你想要的，何乐而不为呢？！

◎ 全身放松运动

孕妈妈先取仰卧姿势，并用软垫垫高头、膝盖和脚底，呼吸自然，使全身肌肉放松；然后再取侧卧姿态，来放松全身肌肉。

◎ 盘坐伸展运动

孕妈妈盘腿坐好，将身体重心放在两膝上，边吐气边做。双手向上举起，像伸懒腰一样，往上拉伸，然后放下手臂做深呼吸即可。

◎ 侧卧抬腿运动

孕妈妈取侧卧的姿势，用右手撑住头部，左手轻轻捧住腹部，右腿弯曲，左腿向上抬起、伸直，脚尖、膝盖伸直，然后从膝盖开始放松，慢慢恢复到侧卧姿势。休息片刻，换另一侧。

◎ 骨盆倾斜运动

孕妈妈靠墙站立，双膝弯曲，两脚叉开30厘米，双手放在身体两侧，将后腰贴近墙面，同时呼气，然后再吸气，并放松脊椎骨。

胎教早知道

孕妈妈做助产运动时，动作要缓慢、轻柔，以身体感觉不疲劳为宜。

聪明妈妈教出聪明宝宝：教胎宝宝认识汉语拼音

想要让自己的宝宝在今后拥有很高的文学造诣吗？那现在就赶快为他打基础吧！认识拼音是学好汉字的基础，那么今天孕妈妈就先从拼音开始教起吧！

◎ 拼音可以这样教

爸爸和妈妈是世界上最美丽的两个字眼，想要让宝宝出生不久就会叫爸爸、妈妈吗？那么，就先从"b"和"m"这两个拼音字母开始吧！在教的过程中，孕妈妈一面要正确地反复发好这两个音，一面用手指写出它们的笔画。反复这样的练习，"b"和"m"的视觉形状和发音便会深深地印在胎宝宝的脑海里。

◎ 闪光卡片有大用

为了增强胎教的效果，孕妈妈可以自制闪光卡片来辅助教学。孕妈妈依次将"a""o""e""i""u""ü"这6个拼音字母制成闪光卡片，然后利用强烈的视觉冲击力，来使胎宝宝兴奋起来，从而获得比较好的调教效果。

胎教早知道

据调查结果显示，经过此项胎教训练的胎宝宝出生后，在学习、文字等方面，比没有进行过此项胎教训练的孩子要学得更快、学得更好。

美育胎教：艺术欣赏——陶瓷

高山仰止、卓越千古的官窑，晕染江山、墨分五色的青花，五色斑斓、多彩绚丽的五彩，淡雅宜人、争雄斗艳的斗彩……当你陶醉于窑火千年、臻于化境的陶瓷境界中时，就如置身于一个瑰丽奇珍的世界，孕期心情也会随之变得心旷神怡。

陶瓷在我国有着悠久的历史，对人类文明发展作出了重大贡献。陶瓷是陶器和瓷器的总称，是以黏土为主要原料以及各种天然矿物经过粉碎混炼、成形和煅烧制得的材料以及各种制品。孕妈妈在欣赏陶瓷的时候，一股自豪感会油然而生，而这份心情也能让胎宝宝感知得到。另外，陶瓷绚烂的色彩，新颖的造型，往往能给人一种视觉上的享受，孕妈妈可以适时地向胎宝宝讲述一些美学上的常识，这对培养胎宝宝日后的审美能力也有一定的帮助。

描绘一下心中的宝宝（孕8月）

今天是本月的最后一天，这也意味着胎宝宝已经在孕妈妈的肚子里愉快地度过了8个月的美好时光。如今的胎宝宝一定长得非常可爱了，想他的时候，不妨闭上眼睛，在心中默默地描绘出他的俏模样。

_____

_____

_____

_____

_____

圆圆的小脸，大大的眼睛，胖乎乎的小脚丫……

猜猜看，你的宝宝更像谁呢？

本月准爸爸课堂

进入孕晚期，孕妈妈的身心面临新的考验，那么，准爸爸能为孕妈妈做些什么呢？在今天的准爸爸课堂，我们会给你一个满意的答案。

◎ 做好孕妈妈的营养师

进入孕晚期，准爸爸更要保证孕妈妈的营养，并且还要防止胎宝宝长得过大，给分娩造成困难，因此在饮食上应增加蛋白质、钙、铁等营养素的供给，而减少脂肪和碳水化合物等热能的摄入。

◎ 照顾好孕妈妈的起居生活

此时孕妈妈的肚子已大到看不见自己的脚，俯身弯腰很是困难，诸如擦玻璃、洗脚、洗头、剪脚趾甲这类事情自然由准爸爸来代劳；另外，在孕妈妈想要翻身活动一下筋骨时，准爸爸也要主动上前帮忙。这样一来，孕妈妈的难题解决了，内心也会因为你的贴心举动更加甜蜜、充满幸福感，这对她及胎宝宝的身心健康都是有好处的。

◎ 陪着孕妈妈做运动

随着身子的越来越重，有些孕妈妈就变得懒惰了。面对这样的情况，准爸爸应该主动邀孕妈妈去散散步，这样不仅有助于孕妈妈日后的顺利分娩，而且还能借此机会放松心情，增进夫妻之间的感情。

胎教早知道

为了让孕妈妈拥有一份愉悦的心情，准爸爸不妨时常送一份小礼物给她，一套梦寐以求的化妆品、一件心仪的小饰品、一场期盼已久的电影都会让孕妈妈的心情如阳光般灿烂。

期待的9月（33~36周）：守住信念，守住胜利

进入孕9月，无论是孕妈妈还是胎宝宝都发生了很大变化，生命的迹象越来越明显，很是令人激动，让我们共同来分享这份喜悦吧！

◎ 胎宝宝的变化

◎ 这时候的胎宝宝已经基本具备了生存能力，所以即使离开母体，只要护理得当，也能很好地生存下来。

◎ 身长和体重也在继续增长，皮肤也变得更加红润、有光泽了，脸颊和腹部的胎毛已经消失不见，只有肩背部仍有少许胎毛。

◎ 指甲已长到指尖，但一般不会超过指尖；胎宝宝的内脏基本成熟，已经具备了很强的呼吸和吮吸能力，能够自如地吸羊水，并将自身消化道的杂物排到羊水中。

◎ 生殖器官已经发育成熟。

◎ 母体的变化

◎ 这一阶段，孕妈妈的腹部高度隆起，子宫的宫底上升到心窝上面一点儿，宫底高度为28~32厘米；

◎ 胃肠受压现象加重，导致孕妈妈更加没有胃口；

◎ 心肺也同样受到挤压，这样一来，孕妈妈的心脏负荷加大了，心跳和呼吸增快、气喘不畅。

胎教早知道

进入第34周，孕妈妈的体重约以每周250克的速度增长，不少孕妈妈偶尔还会有轻微的子宫收缩感，不过这不是真正临产前的宫缩，不必多虑。

身长约45厘米，重约1800克。

第33周 随时都会来"报道"

现在我们小宝贝的所有身体器官
都已经发育妥当了，
而且也将大脑袋转到下面，
总之是做好了一切准备，
随时都会来"报道"了。
所以，
孕妈妈和准爸爸也要提前准备迎接他（她）哦！

情绪胎教：产前焦虑不要怕

随着预产期的临近，很多孕妈妈会出现产前焦虑症，为了顺利分娩，一定要调节好自己的身心状态，做一个快乐、健康的孕妈妈。

◎ 你有产前焦虑症吗？

如果你出现下面这些情况，就一定要留意自己是否有产前焦虑症了。

☐ 常会面部绷紧、眉头紧皱、表情紧张、唉声叹气，觉得自己不能放松下来。

☐ 有出汗、晕眩、呼吸急促、心跳过快、身体发冷发热、手脚冰凉或发热、胃部难受、大小便过频等反应。

☐ 总是为未来担心，为亲人、财产、健康而担心。

☐ 对周围环境的每个细微动静都每时每刻处于警惕状态，影响正常生活，甚至还会影响睡眠。

◎ 专家支招克服产前焦虑

为了更好地克服产前焦虑，不妨试试专家给你支的招数：

◎ 与医师保持紧密的联系，如有问题，及时请教。

◎ 多与其他孕妈妈交流，获得更多的经验。

◎ 通过学习知识，增加对自身的了解，增强生育宝宝的信心。

◎ 保持良好的情绪，多做散步、做手工、听音乐等有利于健康的活动，借此分散自己的注意力。

胎教早知道

作为家庭支柱的准爸爸，面临更大的压力，如果调适不当，也会出现产前焦虑反应，这对准爸爸正确处理事情和保持身心健康都不利，所以，一定要及时控制它的程度，尽量在短期内克服，充满自信地完成角色的转变。

温馨叮咛：为母乳喂养做好准备

众所周知，母乳是宝宝最佳的营养品，所以在没有意外的情况下，孕妈妈都应该坚持母乳喂养。因此，为了给宝宝提供一个最佳的营养源，在孕期就有必要做好相应的准备了。

◎ 孕期营养要跟上

孕妈妈营养不良会造成胎宝宝在宫内发育不良，也对产后乳汁的分泌造成影响。所以，孕妈妈在孕期应该注意加强营养，多吃富含蛋白质、维生素和矿物质的食物，这样就能保证孕妈妈有充足的乳汁喂养宝宝。

◎ 乳房护理不可少

孕妈妈的乳房可是宝宝日后的"幸福源"，所以，在这个时期一定要做好乳房的护理工作。

每天用毛巾蘸些温水轻轻擦洗乳房，尤其是乳晕和乳头皮肤，不过，用力要均匀柔和，不要擦伤皮肤。

对乳房进行合理的按摩，增强乳头表皮的坚韧性，以便日后经得起宝宝的吸吮。

如果乳头上有结痂难以清除，要先涂上对孕妈妈无害的小麦胚芽油、牛油果油或杏仁油等植物油，待结痂软化后再用清水清洗，擦净后再涂上润肤油，以防破裂。

穿戴舒适的胸衣，这也是保护乳头的一项重要措施。

胎教早知道

研究表明，如果产妇对宝宝母乳喂养的时间超过6个月以上，那么就可以降低患乳腺癌概率5%，即使她们有乳腺癌的家族病史。也就是说，母乳喂养的时间长短是影响妇女患乳腺癌发病概率的重要因素，甚至超过了遗传因素。

227

悦读时间：给胎宝宝讲故事《谁的年龄大》

前面孕妈妈已经和胎宝宝一起认识了不少小动物，那么在动物界里，谁的年龄最大呢？今天，我们就来揭晓其中的答案。

谁的年龄大

一个阳光灿烂的日子，狗熊、河马、犀牛、大象还有乌龟在河滩上晒太阳，河马问狗熊："狗熊老弟，你今年多大了？"

狗熊说："我今年30岁了，都当爷爷了。"

"什么？30岁就当爷爷了，我都50岁了才刚刚是青年呢。"乌龟惊讶地说。大象在旁边插话说："我今年也是50岁，可我是中年啊！"

咦？这到底是怎么回事呢？大家觉得很奇怪，于是一致同意派犀牛去请来知识渊博的喜鹊老师，向他请教。

喜鹊老师解释说："各种动物的寿命是不一样的：狗熊的寿命是34年，河马是41年，犀牛的寿命是47年，而大象的寿命可长达120年，但是最长寿的要属乌龟了，可以活到200年左右呢。"大家听完恍然大悟，原来动物的寿命差别这么大呢。今天真是长了知识了。

"这么说，我虽然只有50岁，在乌龟里才刚刚是青年，却可以给犀牛当爷爷了。"乌龟逗趣地说。

大家听完哈哈大笑……

美育胎教：年画欣赏《年年有鱼》

如果问你什么是最完美的视觉感受，什么是最本原的民俗文化，什么又是最地道的民间艺术？那么，答案一定非年画莫属。畅游于年画的王国，荡涤在心间的就是最美丽的画面；

结一段"年画情结"，孕期生活也会因此如花般绽放……

年画是我国民间喜闻乐见的一种艺术形式，是专门在过年期间使用的民间工艺画作。年画作为中国独特的艺术门类，不仅内容形式丰富多彩，而且有着丰富的历史文化与内涵。在各种各样的年画中，处处洋溢着欢快的气氛，寄托着对未来的美好憧憬。因此，学会从年画中陶冶情操、舒缓心情，对孕妈妈来说也是值得推崇的一种胎教内容。这幅名叫《年年有鱼》的年画，描写了两个调皮的孩子高兴地抬着一条大红鱼，而一旁的小猴子正拿着荷花给他们加油助威，整个构图对称、丰满，色彩绚丽，尤其是红色的主调更突出了过节的欢乐氛围。

音乐之旅：《欢乐颂》

欢乐女神、圣洁美丽、灿烂光芒照大地、我们心中充满热情、来到你的圣殿里……当孕妈妈听着这首溢满欢快之情的交响曲时，心中一定会充满无限喜悦，快乐度过孕期的每一天。

◎ 快乐之歌、理想之歌

《欢乐颂》是贝多芬全部音乐创作生涯的最高峰和总结，这首庞大的变奏曲充满了庄严的宗教色彩，气势辉煌，是人声与交响乐队合作的典范之作。通过对这个主题的多次变奏，乐曲最后达到高潮，同时也达到了贝多芬音乐创作的最高峰。这首乐曲所表达的不是缠绵的情意，而是歌颂欢乐、自由的伟大理想。

听|的|艺|术

为了更真切地领会这首乐曲所表达的主题思想，孕妈妈在欣赏之前，最好先了解一下相关背景，这样才能真正领略乐曲所要传达的欢乐情感。而且这首曲子非常适合在孕妈妈心情烦躁、情绪焦虑的时候倾听，可以平复内心，让你拥有一份快乐心情。

和宝宝学科学：可爱的小动物

　　每个孩子都是可爱的，而刚出生不久的动物同样可爱，有些小家伙甚至可爱得让人爱不释手。今天，孕妈妈就给胎宝宝讲几个这样的小宝宝吧。

★　熊猫宝宝。作为我国国宝的大熊猫，刚出生时体重和一块普通肥皂差不多大，差不多只有熊猫妈妈体重的九百分之一。可爱的熊猫在出生后的6~8周甚至连眼睛都睁不开。3个月后，才能渐渐的活动起来。

★　北极熊宝宝。在出生后的前几个月里，北极熊宝宝要由妈妈来喂养和保护，北极熊妈妈还会在雪地里为孩子挖掘一个舒适的洞穴，这样它们才会有一个温暖的环境成长。北极熊宝宝长大后，就要同妈妈一起探索外面的寒冷世界，学习捕猎和野生环境的生存能力。

★　河马宝宝。河马宝宝在水中出生，来到这个世界上的那一刻，便会自己爬出水面，呼吸第一口空气，甚至还会游泳。而且小河马很有母性情怀，有时甚至连另一头河马的小宝宝也会帮忙照看。

★　大象宝宝。大象宝宝出生时几乎没有任何生存能力，幸运的是，大象家族的所有大象妈妈或者成年雌性大象会帮助饲养它们。

★　黑豹宝宝。出生后的前两年，黑豹宝宝会紧紧跟随着妈妈，一副娇弱的样子。在这段时间，黑豹妈妈也会给予悉心的呵护和照料，而黑豹宝宝也有机会通过观察妈妈的捕猎行为学习生存技能。

第34周 我要更多免疫力

现在的胎宝宝已经具有相当的适应
外界环境的能力了，
但是接下来的几周，
你的免疫性会转给这个可爱的小家伙，
这样出生后他（她）就可以很好地抵抗感染了。
所以，孕妈妈也要加油哦。

胎教情报站：胎宝宝也有作息规律

生活在孕妈妈子宫中的胎宝宝是看不见昼夜交替变化的，但他却有自己的一套作息习惯。这是不是很神奇呢？下面就让我们一起来揭开这一神秘的面纱吧！

◎ 胎宝宝也有作息习惯

胎宝宝也有作息习惯？没错。胎宝宝的作息规律是他用大脑感知孕妈妈的作息习惯而来的。据瑞士儿科医生舒蒂尔曼博士研究发现，新生儿的睡眠类型与孕妈妈的睡眠类型有关。他将孕妈妈的睡眠分为早起和晚睡两类，通过对她们所生的宝宝的睡眠习惯进行调查，结果发现：早起的孕妈妈所生的宝宝，一生下来就有早起的习惯；而晚睡的孕妈妈所生的宝宝，一生下来则有晚睡的习惯。所以说，在胎宝宝出生之前，他的作息习惯与孕妈妈很相似。

◎ 不要打搅胎宝宝的作息习惯

既然胎宝宝有自己的一套作息规律，那么孕妈妈在胎宝宝睡着的时候，一定不要打搅他，并且要给他营造一个安静的睡眠环境，音乐也不适合在此时听，否则一旦把胎宝宝吵醒了，他是会不高兴的。因为胎宝宝也是有感觉的，就和大人一样，在睡得好好的时候，如果突然被别人吵醒，心情自然不会好。

胎教早知道

既然胎宝宝的作息习惯跟孕妈妈很像，那么孕妈妈一定要为胎宝宝树立一个好榜样，养成规律的作息习惯，这对胎宝宝将来很有益处。

聪明妈妈教出聪明宝宝：猜猜有多少个三角形

又到益智游戏的时间了，今天，我们的游戏项目是数三角形。孕妈妈可以充分发挥你的想象力，从大的到小的，看看需要多长时间，才能一个不落地数出来。

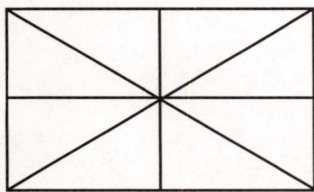

（1）

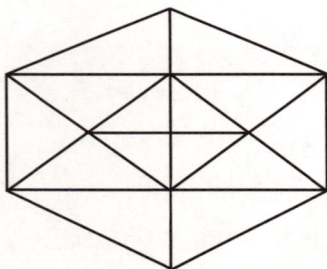

（2）

答案：

（1）16个　　（2）34个

胎教早知道

在数的过程中，孕妈妈可以将三角形的形状画给胎宝宝看，这对空间感的建立是很有帮助的。当然，如果准爸爸也能参与进来，就更能激起孕妈妈的兴致了。

悦读时间：古诗《咏鹅》

你的胎宝宝是不是已经认识了很多可爱的小动物？今天，孕妈妈不妨再为胎宝宝读一读这首《咏鹅》诗，来加深胎宝宝对小动物的印象吧！

咏鹅 骆宾王

鹅，鹅，鹅，

曲项向天歌。

白毛浮绿水，

红掌拨清波。

悦读的艺术

这首诗是骆宾王 7 岁时写的一首诗，没有什么深刻的思想内涵和哲理，只是作者站在孩童的角度，描绘了鹅游水嬉戏的神态，语言清新、愉快，使整首诗充满了一派天真的童趣。

首句连用三个"鹅"字，表达了诗人看到鹅在水中嬉戏，十分欣喜的心情，不禁连呼了三声"鹅、鹅、鹅"；次句"曲项向天歌"，描写鹅鸣叫的神态，"曲项"二字十分传神；"白毛浮绿水，红掌拨清波。"作为最后两句则描写了鹅游水嬉戏的情景，其中"浮"、"拨"这两个动词生动地表现出鹅游水嬉戏的姿态，而"白毛"、"绿水"、"红掌"、"清波"这四个色彩鲜艳的词组则给人一种鲜明的视觉形象，一幅美丽的"白鹅嬉水图"就这样呈现在人们的视野里，十分生动、形象。

美育胎教：京剧《说唱脸谱》

有没有一种曲子可以抓住瞬间化入永恒，有没有一种曲子可以从形似走向神似，就请走入京剧的艺术殿堂吧，孕期生活也会因此增添异样的韵味……

京剧《说唱脸谱》 选段

蓝脸的多尔礅盗玉马
红脸的关公战长沙
黄脸的典韦白脸的曹操
黑脸的张飞叫喳喳……
哈哇哇……
……
紫色的天王托宝塔
绿色的魔鬼斗夜叉
金色的猴王银色的妖怪
灰色的精灵笑哈哈……
哈哇哇……
……
一幅幅鲜明的鸳鸯瓦
一群群生动的活菩萨
一地地勾描一点点夸大
一张张脸谱美佳佳……
哇哈哈……

（摘选谢津《说唱脸谱》）

京剧赏析

京剧是我国国粹，有着悠久的历史。唱、念、做、打是京剧表演的四种艺术手段，也是京剧表演的四项基本功。京剧脸谱是一种以人的面部为表现手段的图案艺术，具有强烈的民族特色，是京剧艺术的重要组成部分。

这部由作词家阎肃、作曲家姚明及青年歌手谢津倾力打造的《说唱脸谱》，将京剧与流行音乐相结合，既借鉴了京剧唱腔和旋律，又融入了我国传统戏曲元素，使整首歌听来朗朗上口、亦歌亦戏。至今流传甚广，深受人们的喜爱。

音乐之旅：《牧歌》

有没有这样一个地方，可以让人不自觉地为之驻足停留，让心灵得到暂时的平静，让生活充满恬淡、宁静的气息。聆听这首《牧歌》吧，相信，孕妈妈一定会从中体会到不一样的感觉。

走入苍茫辽阔的草原

牧歌是一种流行于我国蒙古族、藏族、哈沙克族等少数民族的民歌类别，内容多表现放牧生活、爱情生活、赞美家乡、歌唱牛羊等，具有音调开阔悠长、节奏自由的特点。这首富有浓郁草原气息的《牧歌》，是著名作曲家沙汉昆以内蒙古民歌《牧歌》为基础改编成的一首小提琴独奏曲，音乐舒展优美，贴切地体现了南北朝民间歌谣《敕勒歌》中"天苍苍，野茫茫，风吹草低见牛羊"的意境。这部作品诞生以后，受到了小提琴家和广大听众的热烈欢迎。仔细聆听那悠扬旋律，仿佛让我们看到草原的辽阔，蓝天白云下的壮美，真的让人陶醉啊！

听|的|艺|术

孕妈妈可以一边听着曲子，一边跟随旋律在脑海中生成这样一幅美丽的画面：一望无际的草原上，草儿青，马儿壮，牛羊肥，天空蓝蓝的，云朵白白的……一切都是那么的美好。

第35周 胎动不再频繁了

是不是感觉这几天我们的小可爱不那么爱动了？
别生气，
这可不是小家伙在偷懒，
而是人家的空间越来越小，
而且头部已经入盆了，
再说小家伙还得为出生攒力气不是？

温馨叮咛：孕妈妈该停止工作了

上班族的孕妈妈一直带着这个"大球"工作了这么长时间，现在小宝宝眼看就要出生了，孕妈妈当然也要停下工作，全力以赴为分娩做准备了。

◎ 多跟胎宝宝说说话

现在孕妈妈停止工作的时间有很大不同，有的人在分娩开始的前几天甚至几小时还在工作，而有的人却提前两三个月就不敢上班了，那么究竟什么时间开始停止工作最合适呢，这还要看孕妈妈的具体工作环境和工作性质来定。

◎ 如果孕妈妈的工作环境比较安静、清洁、安全或是长期坐办公室，而且身体状况良好，那么孕妈妈在预产期前1周或2周停止工作，回家静静等待宝宝出生就可以了。

◎ 如果孕妈妈的工作需要长期使用电脑或是经常在操作间、暗室等嘈杂阴暗的环境中，那么在孕早期就应调动工作，如果不能调动也要尽早休息。

◎ 如果孕妈妈的工作需要长时间站立，如饭店服务人员、销售人员或是每天至少有4小时以上行走时间的，最好在预产期的前两周半就停止工作。

◎ 如果孕妈妈从事运动量较大的工作，那么最好提前1个月就开始休产假，以免发生意外。

胎教早知道

尽管此时孕妈妈的行动略有不便，但丝毫不影响孕妈妈对美的感受。多欣赏几幅精美的艺术品，美丽的事物会让孕妈妈沉浸在美好的想象中，暂时忘却身体的不适，而且这份愉悦的心情也可以传递给胎宝宝。

完美营养：喝水大有学问

孕妈妈千万别以为喝水只不过是为了解渴，即便如此，到了孕晚期，小宝宝就要出生的时候，你在喝水的时候也多了不少讲究。

◎ 晨起一杯凉白开

每天晨起时，最好是早饭前 30 钟，如果孕妈妈能够坚持空腹喝上 200 毫升左右的白开水，可以起到温润胃肠的作用，对于促进食欲、防止便秘很有好处。

◎ 喝水不在口渴时

口渴是缺水的结果而不是开始，当孕妈妈感到口渴时说明体内的水分已经出现了失衡，细胞缺水已经到了一定的程度。所以孕妈妈应每隔 1~2 小时喝一次水，水量控制在每天 1200~1600 毫升。

◎ 选水你得有原则

现在市场上的水可谓层出不穷，什么纯净水、矿泉水、太空水、离子水、富氧水等，还有各种果汁、汽水等，举不胜举。但作为孕妈妈，你只要喝温开水或是自制的蔬菜汁、水果汁就好了。

◎ 这些水你喝不得

有些水孕妈妈一定不能喝，比如久沸的水、反复煮沸的水、没有烧开的水、保温杯里的茶水、蒸饭或蒸肉的"下脚水"。因为这些水中都会存在这样或那样的致病菌或是毒素，非常不利于健康。

胎教早知道

早上起床后1杯水，上午10点左右1杯水，午餐后1杯水，下午4点1杯水，晚餐后1杯水，睡前1杯水，这样就可以使孕妈妈24小时都不会缺水。

聪明妈妈教出聪明宝宝：和胎宝宝玩手影游戏

还记得手影游戏吗？这是一种既有趣又富有创意的活动。当10个手指在手中摆弄出各种形形色色的图像时，五彩斑斓的童年生活、快乐有趣的美好回忆就如虚幻的图像一样尽情地绽放开来……

◎ 手影游戏儿歌

我在墙壁前，表演一双手：
变小猫爬墙走，变小狗张大口，
变鸭子水里游，变鹦鹉（喜鹊）立枝头。
太阳公公回家去，喜欢它们全抱走。

我在墙壁前，表演一双手：
变公鸡喔喔叫，变兔子蹦蹦跳，
变山羊胡子翘，变黄牛吃青草。
太阳公公看见了，对着我们点头笑。

我在墙壁前，表演一双手：
变小鸟飞飞飞，变小兔蹦蹦跳，

变螃蟹横着走，变老鼠吱吱吱，
变小猴翻跟头，变小鸟叫啾啾，
变螃蟹横着走，变乌龟慢悠悠。
太阳公公真高兴，夸我有双灵巧手。

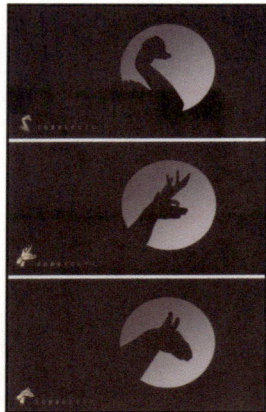

胎教早知道

手影游戏就是借助灯光，双手密切配合，在墙上变化出各种各样的造型，有小动物也有人物。如果孕妈妈一边唱手影游戏的儿歌，一边做出相应的造型图案，胎教效果一定会更理想。

悦读时间：宋词《如梦令·争渡》

十月怀胎，天天都是欢愉的色彩。今天，当你品读这首《如梦令·争渡》的宋词时，随着那戛然而止的"惊起一滩鸥鹭"，言尽而意未尽的情境会让你瞬间回味无穷。

如梦令·争渡

常记溪亭日暮

沉醉不知归路

兴尽晚回舟

误入藕花深处

争渡、争渡

惊起一滩鸥鹭

【今译】

还时常记得出游溪亭，一玩就玩到日黑天暮，深深地沉醉，而忘记归路。一直玩到兴尽，回舟返途，却迷途进入藕花的深处。大家争着划呀，船儿抢着渡，惊起了满滩的鸥鹭。

悦读的艺术

这首忆昔词出自宋代婉约派词人代表李清照之笔，寥寥数语就把移动着的风景和作者怡然自得的心情巧妙地融合在一起，让读者不由自主地随她一道在荷丛中荡舟，甚至沉醉不归，正所谓"少年情怀自是得"，可以说，全诗句句含有深意，读罢，一种自然之美跃然低上，呼之欲出。

爱之手语（9）：再坚持一下，小宝贝

听着时钟滴滴答答，期盼小宝宝早日到来的心情是不是愈发强烈了呢？今天，就用"再坚持一下，小宝贝"这句手语来表达一下你的心情吧。相信，你的坚持就是给胎儿最好的祝福！

再：一手食指伸出，拇指、中指先相捏，然后向一侧挥动时张开。

忍耐：（一）一手食指指尖抵于脸颊部，脸露"坚定"神态。（二）双手食指指尖相对，向下做斜向移动，表示持续下去。

① ②

一：一手伸出食指，其余四指弯曲。

下：一手伸食指向下指。

小：一手拇指捏小指指尖。

宝贝：（一）一手虚握，然后甩腕，五指张开，掌心向下。（二）左手伸出拇指，手背向外；右手轻拍几下左手背。

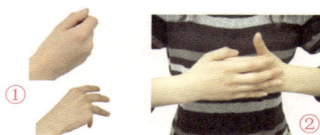

① ②

爱之手语

孕妈妈在用手语与宝宝交谈时，心中也要默念，这样才能起到很好的效果。

第36周 圆滚滚的我

到了这周，
胎宝宝可不再是那么皱巴巴的小老头了，
他（她）浑身都变得圆滚滚的，
可爱得不得了。

美育胎教：艺术欣赏 —— 书法

如果问你什么是无言的诗、无行的舞、无图的画、无声的乐，恐怕这个答案非书法莫属。花一下午，徜徉于汉字的时光长廊，体味书写的敬意与喜悦，孕期生活也会绽放出别样的光彩。

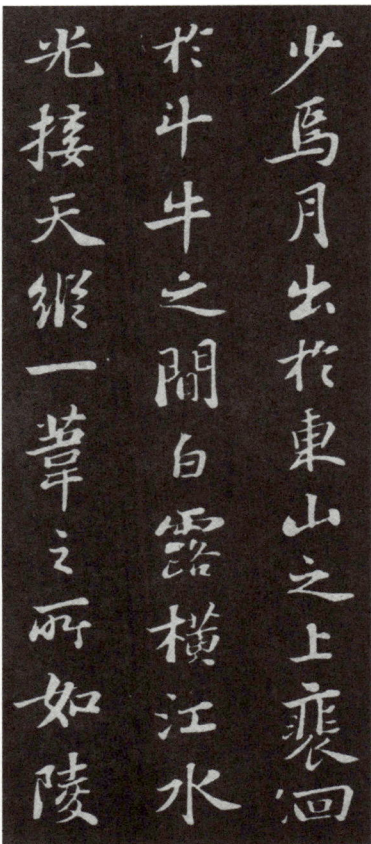

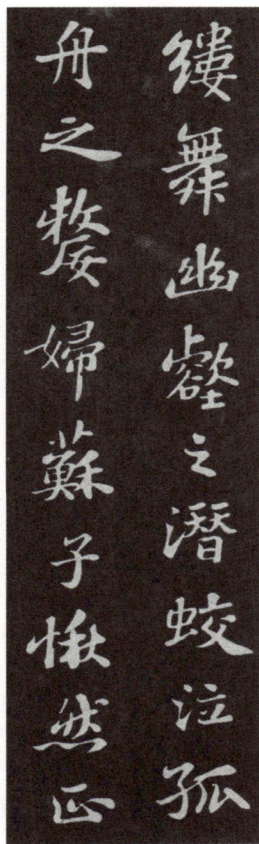

书法是按照文字特点与含义，以其书体笔法、结构和章法写字，使之成为富有美感的艺术作品。从狭义讲，书法是指用毛笔书写汉字的方法和规律，涉及执笔、运笔、点画、结构、布局（分布、行次、章法）等内容。书法艺术形式包括汉字书法、蒙古文书法、阿拉伯文书法等。其中，中国汉字书法又称"书法"，是人们对书写的一种方法，分为"软笔书法"和"毛笔狂草书法"。中国古代有许多著名书法家，尤以王羲之、欧阳询、颜真卿、柳公权、苏轼、黄庭坚、褚遂良最为出色。

245

音乐之旅：给胎宝宝唱一首《二十四节气歌》

每一天，胎宝宝的身上都会发生许多微妙变化。而见证这些变化的就是一个个日子，从万物复苏的春分到白雪皑皑的冬至，变化的不仅仅是岁月的交替更迭，更蕴藏着生命的无限奇迹与美好憧憬……

二十四节气歌

（一）

春雨惊春清谷天，夏满芒夏暑相连。

秋处露秋寒霜降，冬雪雪冬小大寒。

每月两节日期定，最多相差一两天。

上半年来六廿一，下半年是八廿三。

（二）

打春阳气短，雨水沿河边。

惊蛰乌鸦叫，春分地皮干。

清明忙种麦，谷雨种大田。

立夏鹅毛住，小满鸟来全。

芒种开了铲，夏至不拿棉。

小暑不算热，大暑三伏天。

立秋忙打淀，处暑动刀镰。

白露烟上架，秋分不生田。

寒露不算冷，霜降变了天。

立冬交十月，小雪河插严。

大雪河封上，冬至不行船。小寒大寒又一年。

胎教早知道

二十四节气起源于黄河流域，早在春秋时代，就定出仲春、仲夏、仲秋和仲冬四个节气，以后不断地改进与完善，到秦汉年间，二十四节气已完全确立。公元前104年，由邓平等制定的《太初历》正式把二十四节气订于历法，明确了二十四节气的天文位置。

聪明妈妈教出聪明宝宝：和胎宝宝玩手指游戏

你了解自己的双手吗？它可有着不可思议的魔力哟。今天，就和胎宝宝玩一个手指游戏，通过敲出各种与众不同的声音，胎宝宝对这个世界的无穷奥秘也会越发感兴趣。

◎ 手指游戏操练课

◎ 小雨滴：用食指、中指指尖轻敲桌面，做出"滴答，滴答"的声音。

◎ 小雨下大了：用所有手指交错地轻敲桌面，做出"沙沙，沙沙"的声音。

◎ 大雨倾盆：用所有手指同时敲击桌面，稍微用力些，节奏紧凑些。

◎ 打雷：口中发出"轰轰"的声音，在确保胎宝宝胆子大的情况下，手微握成拳状，轻砸一下桌面。

◎ 闪电：用手在空中划一个大大的"Z"形，同时口中发出"唰"的声音。

◎ 躲雨：手指轻快地在桌面上跑起来，然后把手藏在背后。

胎教早知道

手指游戏不仅可以帮助孕妈妈活动僵硬的手指，更为重要的是，它还能够促进胎宝宝的大脑发育，锻炼他的想象力。

描绘一下心中的宝宝（孕9月）

　　不知不觉，孕期日记已经记到了9月，那些融于笔端倾泻为欣喜的文字，早已掩盖不住内心游荡的情怀，看着温馨的笔迹，经不住又要想象一下腹中的宝宝，"小乖乖，今天的你，又会是什么样子呢？"

是可爱？是调皮？还是乖巧？……

早就迫不及待地想知道胎宝宝的性格了吧，

用心描画一下，瞬间想法就会变成最珍贵的纪念！

本月准爸爸课堂

随着预产期的临近，很多孕妈妈会出现不同程度的产前焦虑症，如何帮助孕妈妈缓解焦虑、顺利度过产前这段时光，就成为准爸爸课堂的重要内容，你的认真对待就是对孕妈妈最大的鼓励和帮助。

◎ 一起学习分娩知识

还有一个月就要到最激动人心的时刻了，为了消除孕妈妈因分娩而产生的恐惧心理。这个时候，准爸爸就要和孕妈妈一起学习一下有关分娩的知识，或看书，或参加产前培训班，或找专家咨询。只有你提前做足准备，孕妈妈的恐惧心理才能消除，对分娩也会更有勇气和自信。

◎ 给孕妈妈更多的包容与体贴

由于身体的不适，孕妈妈难免会使些小性子，这个时候，准爸爸一定要多包容、多体贴孕妈妈。比如，对于大腹便便的孕妈妈来说，弯腰穿鞋、捡东西这些简单的事情往往会变得非常困难。如果准爸爸

在孕妈妈身边，一定要为孕妈妈代劳。孕妈妈身体不适而失眠时，准爸爸即使再困也要陪孕妈妈聊聊天，或是给她讲讲单位发生的趣事，并时不时地鼓励一下孕妈妈，让她知道自己是最棒的孕妈妈。

胎教早知道

随着体重的激增，孕妈妈的负担日益沉重，而且笨重的身体也会让孕妈妈的翻身变得十分困难。这时，准爸爸就要为孕妈妈翻一下身，只要举手之劳，就可以体现自己对爱妻的关心哦。

幸福的10月（37~40周）：感悟生命的奇迹

日历翻到了10月，马上就要和胎宝宝见面了！真是一件令人激动、兴奋的事情啊。当然，开心之余，我们还要留意身体悄然发生的变化，只有做好充分的准备，才能确保分娩的顺利进行。

◎ 胎儿的变化

◎ 胎宝宝的身长会达到48~56厘米，其中头部占身体的四分之一，头围约有35厘米，头盖骨变硬；

◎ 体重可达2.7~3.3千克，头发长2~3厘米，指甲长于指尖；

◎ 全身皮肤呈淡红色，皱褶逐渐消失，皮下脂肪开始增多；

◎ 肩背部还有胎毛。

◎ 母体的变化

◎ 此时孕妈妈的体重达到高峰期，子宫底高度在30~35厘米之间，随着胎宝宝位置的下移，子宫整体位置也跟着下降，这使胃、胸部及心脏的憋闷感减轻，孕妈妈会有一种轻松感，食欲也逐渐好转；

◎ 胎头下降时会压迫到膀胱、直肠，这会导致孕妈妈腰腿疼痛、尿频、便秘的症状更为明显；

◎ 孕妈妈阴道的分泌物会增多，这能润滑产道，便于胎儿娩出。

胎教早知道

这个时期，随着孕妈妈体内羊水的相对减少，子宫会出现无规律的收缩，进而发生腹壁绷紧、变硬等变化。

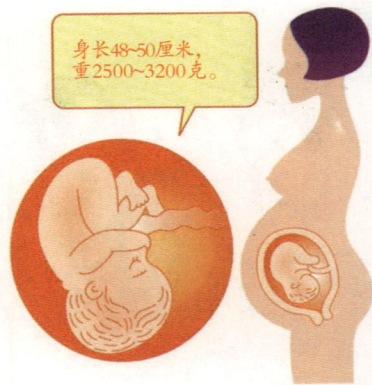

身长48~50厘米，重2500~3200克。

第37周 我是完美的足月儿

接下来的一个月是你与胎宝宝共同
度过的最后一段怀孕时光了，
因为胎宝宝已经足月了。
从现在起，
这个小家伙随时都有可能与辛苦了
近10个月的你见面。

胎教情报站：提早知道待产信号

虽说分娩期并不是一个准确的日子，但是在真正的分娩开始以前，孕妈妈身体会出现许多待产"信号"，了解这些变化，才能提早做好去医院待产的准备。

◎ 宫缩腹痛

对于第一次分娩的孕妈妈来说，时断时续的宫缩要持续8~10小时。此时不必紧张，不必马上到医院，但一定要吃好、休息好，保存体力。一旦宫缩频繁剧烈而有规律，每隔10分钟左右阵一次，而且子宫会一阵阵发硬，并感觉到疼痛或腰酸时，多半是要临产了，应及时到医院待产。

◎ 见红

对于初产妇来说，如果阴道流出少量血性分泌物，可能在24小时要正式临产。如果阴道出血量多又鲜红，而且比月经还多，则要马上去医院待产。

◎ 破水

随着子宫强而有力的收缩，子宫腔内的压力会逐渐增加，于是，子宫口会开大，引起胎膜破裂，这样阴道就会流出羊水，俗称"破水"，这时无论是否有宫缩都要及时去医院，在路上，孕妈妈应保持平卧姿势，以免羊水流出时脐带脱出、绕颈而导致胎儿死亡。

◎ 特殊情况的处理

对于有妊娠并发症或其他异常情况的孕妈妈来说，要遵从医生建议，根据自身情况决定入院时间，并在医护人员的看护下，及时掌握病情，以便及时采取应对措施。

胎教早知道

随着子宫的收缩，胎儿的头开始下坠入盆，胎膜和子宫壁逐渐分离摩擦就会引起血管破裂而出血，这就是俗称的见红。

完美营养：孕妈妈不可多吃盐

　　每天我们都要从饮食中摄取一定量的盐分，这对保证身体健康是非常重要的。但是，盐量一定要控制好，切不可过量，特别是对孕妈妈来说更是尤为重要。

◎ 多吃盐害处大

　　进入孕晚期，有些孕妈妈会出现高血压、水肿、蛋白尿等妊娠期高血压疾病，这让孕妈妈不胜其扰，心情很是低落，进而也会影响到胎宝宝的身心健康；另外，很多早产儿都是由于孕妈妈妊娠高血压造成的。所以，一定要想办法遏制妊娠高血压疾病的发生，而在这之前，必须要先找出造成疾病的"真凶"。据研究表明，这些疾病的发生都是因为体内钠滞留的缘故，而钠主要来自于食盐，因此，孕妈妈平时必须少吃盐。

◎ 专家支招如何吃

　　淡而无味的菜肴是勾不起孕妈妈的食欲的，那么如何在少吃盐的基础上，又不影响胃口，并能保证胎宝宝的营养供应，这是很重要的一个问题。对此，专家给你支几招。

　　◎ 做两种以上的菜时，只在一种菜里放盐。

　　◎ 炒菜时要后放盐，到菜熟了直接把盐撒在菜上。

　　◎ 用酸味刺激食欲。

　　◎ 做鱼、肉类的时候，搭配好色、香、味，来增加食欲。

　　◎ 做一些肉汤，因为肉汤里含有氨基酸，能诱发食欲。

　　◎ 饭菜花样频出，借此来增进食欲。

胎教早知道　　对于孕妈妈来说，每天吃盐不要超过 5 克，并且要喝适量的水来稀释体内钠的含量。

253

情绪胎教：学会克服分娩恐惧

担心自己熬不住产痛，担心生产时出现意外，担心出生后的宝宝不健康……这些顾虑总会给孕妈妈的心理蒙上阴影，进而对分娩产生恐惧。那么，为了顺利度过"分娩关"，成功迎接宝宝的出生，孕妈妈又该如何克服分娩恐惧呢？

◎ 克服分娩恐惧的妙招

"十月怀胎，一朝分娩"，即将为人母的您，在欣喜的同时，难免会为分娩带来的痛苦感到恐惧，下面几条意见，孕妈妈不妨参考一下。

◎ 学习分娩知识。虽说分娩过程会有疼感，但这种疼痛是每一位孕妈妈都要经历的生理过程，没有那么可怕；了解分娩全过程，以及可能出现的情况；知道一些减轻分娩痛苦的辅助运动。这样一来，孕妈妈的心理负担也将明显减轻。

◎ 做一些能够转移自己注意力的事情，如做小手工、布置婴儿房、听轻音乐、外出散步等，这些事情都可以镇定孕妈妈的情绪，减轻产前忧虑和紧张。

◎ 经常对自己进行积极的心理暗示，在心里默念："我就要见到日思夜想的宝宝了，这真是一件幸福的事情"，"我的骨盆较宽，生宝宝绝对没问题"，"我很健康，生宝宝时肯定有力"。通过这些暗示，孕妈妈自然会信心十足，顺利分娩。

胎教早知道

多与医生交流，并根据自身情况让医生给予相应的指导。这无疑给孕妈妈吃了颗"定心丸"，让心情放松下来。

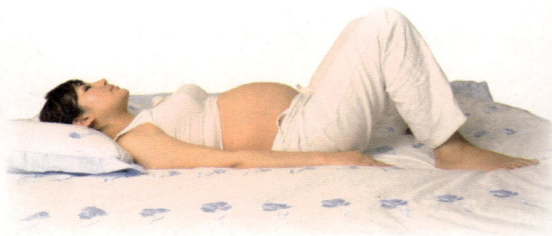

温馨叮咛：轻松减轻产痛

期待了好久，终于快到和宝宝见面的时刻了，不过在这之前，还有一个关卡考验着孕妈妈。那就是，如何减轻分娩时的疼痛。今天，我们就介绍几个日常生活起居的妙招，帮助孕妈妈从容应对产痛。

◎ 减轻产痛的生活妙招

◎ 保证充分的休息，科学的进食，这样才能有一个好体力，从而缩短疼痛持续的时间，有助于顺利分娩。

◎ 保持一个自信、乐观的心态。只有精神放松了，身体才不会那么紧绷，产痛也会随之减轻。

◎ 恰当地呼吸不仅能消除紧张情绪，还有利于胎儿的娩出。比如，在子宫收缩开始和结束时，可以做深呼吸，就是吸气时，让肺最下部充满空气，肋廓下部向外和向上扩张，随后缓慢地将气呼出；阵痛频繁时，可以进行浅表呼吸，类似于喘气。

◎ 听音乐可以缓解焦虑，分散注意力，这一切都有助于加速分娩的进程。尤其是自己平时进行放松训练时用的曲子，更能获得身心的放松，减轻疼痛感。

◎ 导乐陪伴。进入分娩期，这种专业人员会指导产妇如何正确用力，并给予鼓励和安慰，对减轻产痛很有帮助。

胎教早知道

产痛不同于外伤或烧伤所引发的疼痛，分娩时的疼痛是阵发性的，随着产程的进展，疼痛的频率越大。

手工生活：精心做个不倒翁

时间过得真快，孕期眼看就要接近尾声了，孕妈妈的心情是否有些按捺不住了？千万别烦躁，要知道你的心情随时都影响着胎宝宝。今天，我们就来做一个不倒翁手工，当你尽情陶醉其中，心情也会舒缓许多。

◎ 小材料

鸡蛋、筷子、碗、卫生纸、米、胶水、彩纸、彩笔。

◎ 跟我学

Part1：先将鸡蛋磕一个小洞，然后伸进筷子将蛋清与蛋黄搅乱，后将混合液倒入碗中，蛋壳用水冲洗干净后再用卫生纸擦干。

Part2：将事先准备好的米倒进鸡蛋壳中，再倒点儿胶水，让米固定在鸡蛋里面的一端。

Part3：用彩纸做一顶尖尖的小帽子。

Part4：把小帽子黏到鸡蛋顶端的洞口上。

Part5：用彩笔在蛋壳上画眉毛、眼睛、鼻子、嘴巴，这样一个可爱的不倒翁就做成了。

胎教早知道

这个时候的性生活一定要有所节制，避免让性生活影响到胎宝宝的健康。

音乐之旅：妈妈唱儿歌《小兔子乖乖》

在那个童真无邪的年纪，这首儿歌曾伴随我们度过一段美好的童年时光，也是这首儿歌教会了我们许多道理。今天，让我们再次沉醉于这首儿歌，或许你会有别样的回忆和感悟……

小兔子乖乖

小兔子乖乖，

把门儿开开，

快点开开，

妈妈要进来。

不开，不开，我不开，

妈妈没回来，

谁来也不开。

胎教早知道

为了使儿歌唱得更加生动有趣，孕妈妈可以让准爸爸扮演大灰狼的角色，这样胎教效果会更为理想。

美育胎教：给胎宝宝读古诗《初春小雨》

大自然的一切都是那么的美好，淅沥沥的小雨、白皑皑的雪花……尽管胎宝宝现在还看不到，但是孕妈妈可以在古诗中和胎宝宝一起感受自然气息，享受生活韵味。

初春小雨　韩愈

天街小雨润如酥，草色遥看近却无。

最是一年春好处，绝胜烟柳满皇都。

悦读的艺术

这是一首描写和赞美早春美景的七言绝句。诗人韩愈凭借敏锐的观察力和高超的诗笔，为我们描绘了一幅极具艺术美感的早春风景画。"润如酥"让人想到初春小雨的细滑润泽，清新优美的感觉瞬间沁入人心。而被雨水洗礼后的小草更是渗透着一种朦胧、诗意的唯美意象。无论是小雨，还是小草，当孕妈妈想象这样的景色，生活中也会浸透着对美的憧憬和祝福。

第38周 小脑袋在摇摆

现在你的胎宝宝可能已经有3200克重了，
身长也得有50厘米了。
他（她）的小脑袋在你的骨盆腔内摇摆，
不过周围有骨盆的骨架保护，
很安全。
这样也腾出了更多的地方，
让他（她）可以伸伸小胳膊、小腿了。

胎教情报站：分娩过程早知道

分娩过程从子宫收缩开始，再到子宫口开全，直至胎儿、胎盘娩出。今天，我们就来提前了解一下产程是如何进展的，心中有所准备，分娩过程才会更顺利。

第一产程：宫口扩张

这一阶段，孕妈妈的子宫会有规律地收缩，阵痛也会逐渐增强，随着宫口的逐渐张大，孕妈妈会感到腹部有下坠感，腰部也会酸痛。此时，孕妈妈最好在待产室中稍微活动一下，当宫口大于3厘米时，就要静静地躺在床上，取左侧卧姿态；待宫口全开时，可以适量吃些易消化、易吸收的食物，为即将到来的分娩储存体力。

第二产程：胎儿娩出

由于宫口全开，孕妈妈有一种急欲生子的感觉，这是一种不由自主的行为。在每次子宫的收缩过程中，胎儿头顶会从阴道口露出，子宫收缩一旦停止，胎头即缩回，这样反复多次后，胎儿头部就会慢慢地娩出，直至全部身体娩出。在这一过程中，孕妈妈要尽量配合医生，调整呼吸，向下屏气增加腹压，从而帮助宝宝顺利娩出。

第三产程：胎盘娩出

宝宝娩出后，接下来就是胎盘的娩出，孕妈妈只需稍加用力，不超过半小时，胎盘就会顺利排出。胎盘全部娩出后，分娩过程才大致结束。不过医生还会对孕妈妈的产道及胎盘进行检查，如有异常情况，会及时采取措施进行处理。

胎教早知道

胎儿娩出后，产妇应停止用力，开始用力呼吸，让会阴充分扩张，以防严重撕裂。

温馨叮咛：准备好你的待产包

经历了艰辛的孕程，终于要生宝宝了，一定非常期待吧。别忘了，还有一件重要的事情就是备好你的待产包。该带什么？带多少？提前做到心中有数，这样才会万无一失。

◎ Bag1 妈妈用品

★ 哺乳式文胸、开襟外套、束腹内裤和束腹带（帮助松弛下垂的肚子紧绷起来）、防溢乳垫（吸收溢出的乳汁）、一次性内裤、前开式睡衣、日常服装。

★ 产妇卫生巾（清除排不尽的恶露）卫生纸、餐巾纸、湿纸巾。

★ 弯曲的吸管（分娩后，孕妈妈只能在床上躺着，若用其喝水会非常方便）、一次性杯子，可加热的饭盒、筷子、调羹，吸奶器，零食与水果（如巧克力能为孕妈妈提供大量热能，帮助顺利分娩）。

★ 毛巾、脸盆、梳子、洗手液、拖鞋、牙刷、牙膏、漱口水、护肤品、小镜子等。

◎ Bag2 宝宝用品

★ 纸尿裤：医院会发，还可备些纱布或棉布尿布，以免宝宝对纸尿裤过敏。

★ 湿纸巾：宝宝大小便后，擦起来会比较舒服。

★ 洗屁屁的小盆：便量较大时，给宝宝洗屁屁。

★ 小衣服：根据季节选择厚度。

★ 奶瓶、婴儿奶粉：准备母乳喂养或奶水不充足的话，一定要备好。

★ 婴儿包巾：医院会提供专门的包巾，这个给宝宝出院时穿。

胎教早知道

待产包还要备好身份证、户口簿、医疗保险手册、母子健康手册、银行卡和现金等重要物品。当然，也少不了手机、MP4、照相机、摄像机以及收纳各种单据的文件袋。

美育胎教：艺术欣赏——国画

想要做个能写会画、讲修养、懂诗文、别具孕味的知性妈咪吗？那就走进独特的艺术语言——中国画吧。在这里，你的每一天都充溢着如诗的感情、如画的意境……

"中国画"简称"国画"，是用毛笔蘸水、墨、彩在宣纸、宣绢上作画。这种汉族传统的绘画形式以书法的骨法用笔为基础，将用笔和用色、用墨相结合，笔以立其形质，墨以分其阴阳，故有"笔歌墨舞"之喻。在内容和艺术创作上，中国画反映了中华民族的民族意识和审美情趣，在创作过程中，中国画要求"意存笔先，画尽意在"，达到以形写神，形神兼备，气韵生动。我国历史上的王维、苏轼、吴昌硕、齐白石等都是非常著名的国画大师。

悦读时间：童谣《种太阳》

一首儿时的歌谣，不仅勾起了孕妈妈对自己童年岁月的回忆，也为孕育生命的神圣过程记下了最深刻、最珍贵的祝福……

种太阳

我有一个美丽的愿望

长大以后能播种太阳

播种一个一个就够了

会结出许多的许多的太阳

一个送给送给南极

一个送给送给北冰洋

一个挂在挂在冬天

一个挂在晚上挂在晚上

啦啦啦种太阳

啦啦啦种太阳

啦啦啦啦啦啦啦啦

种太阳

到那个时候世界每一个角落

都会变得都会变得温暖又明亮

悦读的艺术

《种太阳》最初是一首由一位名叫李冰雪的女孩在她 10 岁时创作的诗歌，通过种太阳这一举动表现了天真无邪的少年儿童对祖国的热爱，也表达了他们要把世界变得更加温暖、明亮的美好愿望。此诗后来由著名作曲家徐沛东谱曲，很快唱遍全国，还被评为亚运会期间十首优秀歌曲之一。

音乐之旅：《G大调小步舞曲》

有一种曲子是要用心来听的，有一种曲子是要用爱来感受的，有一首曲子能让人感觉到爱人般的温暖，有一首曲子能带给你无限灿烂的阳光，这就是巴赫的《G大调小步舞曲》，静心聆听每一个音符吧，生命的精彩就应当如此。

◎ 感受舞曲中的幸福感

整个曲子充满了轻松快感，是欢快和愉悦的水乳交融，是爱与美的天然结晶。曲调如行云流水，轻柔的缠绵里充斥着银铃般的刚性，毫不黏滞、毫不拖泥带水，乐丝和旋律如泉涌般随着指尖流畅而出，能平息痛苦人的伤痛和抚慰受伤人的心灵。可以说，这首曲子是抑郁后抚慰心灵的一服良药，是失眠时休息身心的一张温床，是寒冷时送来温馨的一缕暖风，是浪漫、幸福、愉悦但又让人想流泪的情愫。

悦读的艺术

这首乐曲是德国作曲家巴赫创作的，是一首既可用来伴舞，又颇具欣赏性的通俗名曲。当孕妈妈感到焦虑不安时，可以拿它来听听。另外，在倾听的过程中，孕妈妈也可以随着音乐节奏活动一下僵硬的手脚，身体上的舒适自然会使心情也跟着好起来。

第39周 发育完全啦

现在你的小宝贝的身体各部分的
器官都已经发育完成，
几乎具备了出生后生活的一切条件，
就只差那一声响亮的啼哭了。
所以，
辛苦并幸福着的孕妈妈，
耐心等待吧。

胎教情报站：感受新生宝宝的"神奇功能"

再过不久，就要和腹中的胎宝宝见面了。可是，你知道吗？这个小生命刚一降生，就具有许多令人想象不到的"超能力"。今天，我们就来了解一下新生儿有哪些神奇的本领吧。

◎ 宝宝与生俱来的能力

◎ 吸吮反射：宝宝一出生，便会用口唇、舌吸吮乳头。

◎ 握持反射：用手指或木棍触宝宝手掌尺侧、足底或脚趾，会引起指趾屈曲活动。

◎ 踏步反射：妈妈两手置于宝宝腋下，托住他呈站立姿态，足底接触床面，胸部前倾，此时宝宝可以做自发的踏步运动。

◎ 觅食反射：当新生儿面颊触碰到妈妈乳房或其他部位时，会出现寻觅乳头的动作；当你用手指抚弄宝宝面颊时，他的头会转向刺激方向。

◎ 定向反射：宝宝出生 12~24 小时后，就会把眼睛转向光源；大的响声还可使其停止吮吸动作。

◎ 防御反射：宝宝出生后的头几天就能对温度或疼痛刺激产生全身性的反应，如呕吐、打喷嚏、眨眼、打哈欠等。

◎ 惊跳反射：当宝宝受到突然的刺激，如响声等，就会伸开双臂、双腿，手指张开，背部伸展或弯曲，以及头朝后仰又迅速收回。

◎ 拉起反射：当大人拉着宝宝的双手，并拉起上身时，他会做出想抬起头的动作来，虽说此时宝宝的颈部尚未发育稳定。

胎教早知道

新生儿还有一个特殊的神奇功能就是足底抓握反射（巴氏反射）：将手按在宝宝足部时，他的脚趾会出现弯曲，好像要将物体抓住一样。

环境胎教：向胎宝宝介绍一下家庭成员

宝宝马上就要出生了，孕妈妈也要时不时地向宝宝介绍一下家庭成员，让他真切地感受到大家庭的温暖。

经过这么长时间的胎教训练，胎宝宝对家庭成员早已是非常清楚。但是，孕妈妈还要十分耐心、细致地为他描述一下身边的家庭成员，让他真切地感受到大家对他的关爱和祝福。

孕妈妈可以边轻抚肚子，边温柔地对胎宝宝说："可爱的宝宝！今天，妈妈给你介绍一下我们这个幸福和睦家庭的成员。你看，这是慈祥仁爱的爷爷、奶奶，他们是爸爸的爸爸和妈妈；这是和蔼善良的姥姥、姥爷，他们是妈妈和爸爸。还有这是爸爸和妈妈，我们也在热切盼望你的到来。"

最后，孕妈妈还可以说："小宝宝，我们大家都在等待你的到来，你是幸福的，你是快乐的，因为在你的身边，有这么多人在爱着你、关心着你！"

胎教早知道

当孕妈妈介绍家庭成员时，还可以根据不同情况，从职业、性格、外貌等角度，把每个人介绍得再具体些。

温馨叮咛：日常护理再叮咛几句

随着预产期的临近，孕妈妈要密切关注自己的身体变化，做好生活细节的自我护理，你的一个小举动，就是胎宝宝健康的一大保障哦！

◎ 生活细节提示

预产期前，孕妈妈的身心反应会越来越多，这属于正常现象，不必多虑。但是，越是细节之处越需要格外注意。

◎ 随着行动越来越不方便，孕妈妈活动时要格外小心。

◎ 每周做一次产前检查，坚持接受复查。

◎ 把家事安排妥当，以便应对随时可能的分娩。

◎ 不要因为胃口好转就猛吃猛睡，这对分娩不利。

◎ 保证充足的睡眠和休息，为分娩准备体力和精力。

◎ 进行适当的运动，但不可过度，以免消耗太多精力而妨碍分娩。

◎ 学会给自己信心

等待宝宝的出生让很多孕妈妈容易紧张、焦躁。同时，孕妈妈在咨询过来人的分娩经验后，也容易记下一些负面感觉，担心自己也会遇到类似问题。其实，每个人的分娩经验都不同，而且目前的医疗技术和生产环境对分娩也能提供非常安全的照护，孕妈妈千万不要给自己增加不必要的压力，而是应该多给自己信心。闲暇时，夫妻双方也要多谈些轻松话题。比如将来和宝宝在一起玩耍。孕妈妈也可以想象一下自己当了母亲后的那份喜悦。

胎教早知道

这个时期，随时都有破水、阵痛而分娩的可能，孕妈妈一定要避免长时间在外或是独自外出。

美育胎教：名画欣赏《洗澡》

你想过自己给胖嘟嘟、软绵绵的新生儿洗澡的场景吗？不用说，这肯定是一段无比陶醉、无比快乐的亲子时光。收藏起这份珍贵的体验，收获的必定是满满的幸福。

《洗澡》这幅作品是美国女画家卡萨特的代表作，画面中，小女孩坐在母亲的大腿上，圆浑柔软的身子信赖地靠在母亲的怀中，低头看着母亲为自己洗胖乎乎的小脚；母亲则一手揽着女儿的腰，一手为女儿洗脚，保护的姿态、温柔的神色、轻柔的动作，再加上丰富柔和的色调，这一切交织在一起，为我们展现了一幅母子深情的温馨画面。当孕妈妈看到这幅画面的时候，对于到底什么是母爱，一定会有深刻的共鸣，而这种炽烈而浓郁的感情也会传染给胎宝宝，这对他的身心健康发展是极有好处的。

爱之手语（10）：小宝贝，我们就要见面了

激动人心的时刻就要来到了，作为一个母亲，只有真正懂得爱才能真正感受到其中的款款深情。而一句简单平凡的手语——"小宝贝，我们就要见面了！"或许就代表了内心深处的无限母爱吧。

我们：一手食指先指胸部，然后掌心向下，在胸前平行转一圈。

就：一手打手指字母"J"的指式，并打另一手掌心。

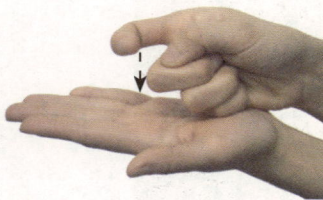

要：一手平伸，掌心向上，由外向里微微拉动。

见面：两手各伸出拇指、小指，由两旁向中间靠近，象征两个人会见。

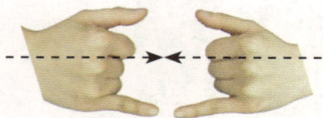

了：一手食指书写"了"字。

爱之手语

期待总是充满幸福，尤其是那些即将实现的愿望，在那一刻满满地迸发出来。所以，和我们的小宝贝一起分享这种等待的喜悦吧。

第40周 终于可以见面了

终于走过了漫漫的40周，
现在这个小家伙就要正式接受一个
充满意义的挑战，
他（她）将勇敢地投奔到外面的精彩世界里，
和你一起揭开人生的另一个精彩序幕了。

完美营养：为顺利分娩储备能量

怀孕到了第十个月，孕妈妈也进入了一个收获的"季节"。饮食胎教方面，除了要保证全面均衡地摄取营养外，更应有所侧重。今天，就来看看"吃"到底有什么学问吧。

◎ 保证足够的营养

孕妈妈有了足够的营养支持，才能满足胎宝宝生长发育的需求，才能承受子宫和乳房的增大、血容量的增多以及身体内脏器官的变化而带来的"额外"负担。因此，在这个月里，建议孕妈妈根据自身情况补充含铁丰富的食物，增加动物肝脏、蛋黄、牛奶、海带、黑木耳、绿叶蔬菜、豆类等食物的摄取。同时，越是接近临产，就愈应多吃些含铁丰富的食物。当然，一定要坚持少吃多餐的饮食原则哦。

◎ 列一张健康的产前菜单

对于准备自然分娩的初产妇来说，在接近产期的几天，应该补充足够的营养，建议准备容易消化吸收的食物，如面条、蛋汤、排骨汤、牛奶、酸奶、巧克力等食物，这样才能更好地为分娩准备足够的能量。否则，临产时容易紧张焦虑、身体疲劳，吃不好睡不好，而且这些变化还有可能引起宫缩乏力、难产、产后出血等危险情况。

胎教早知道

如果孕晚期营养不足，孕妈妈容易发生贫血、骨质软化等营养不良症，而且还因此影响临产时正常的子宫收缩，极易发生难产。

胎教情报站：帮助出生的宝宝巩固胎教成果

俗话说"温故而知新"，胎教跟学习一样，也需要不断地巩固。因此，宝宝出生后，妈妈除了要精心照料宝宝外，还有一项重要工作就是巩固孕期的胎教成果。

◎ 胎教成果要巩固

接受过胎教训练的宝宝在出生前已经做好了学习和认知的准备，如果妈妈在宝宝出生后，坚持给宝宝复习以前的胎教内容，这会对宝宝的智力发育带来有益影响，只要你认真坚持，就能看到宝宝惊喜的变化。

◎ 如何巩固胎教成果

宝宝出生后，妈妈可以将以前用过的胎教道具，如各类卡片、玩具、故事书、小手工等都放在宝宝面前，然后耐心地告诉他这些物品背后发生的故事，细心的妈妈会发现，经过你的一番"昨日重现"，宝宝会给予积极的反应，还时不时地会做出一些兴奋的表情、露出满意的微笑，甚至还会支支吾吾地跟你聊起天来，这些都是宝宝最真实地回应，而且经过这一练习，宝宝每天都会发生令人惊奇的变化。

胎教早知道

关于胎教成果的巩固，斯瑟蒂克胎教法的创始人斯瑟蒂克对其女儿苏珊曾有这样一段描述："女儿出生后一个月，就会数彩色皮球，能一口气数到3，这是因为在苏珊出生前，我常用这样的皮球教她数数。对苏珊来说，这已不是她初次接触的事物，而是在胎儿时期就已通过某种形式，储存在她的记忆和思维系统里的内容了。"

（摘选自《斯瑟蒂克胎教法》）

宝宝，你好！（孕10月）

今天是生命奇迹诞生的日子，是10月怀胎最值得纪念的日子，而那个叫做"幸福"的时刻也会因此而变为永恒！

_____

_____

_____

_____

宝宝，你好！

今天，妈妈要为你贴一张最漂亮的图片，

来纪念这个格外特殊的日子

本月准爸爸课堂

　　分娩临近，准爸爸课堂也进入尾声。在今天这堂课上，我们就要讲一讲准爸爸在分娩前要做好哪些准备。要知道，及时、有计划地准备才是对孕妈妈和胎宝宝最有效的保障。

◎ 完美准爸爸的爱妻行动

　★　陪爱妻做最后一次产检，联系医生。

　★　陪孕妈妈适应产房环境。面对一个陌生的环境，孕妈妈心里多少会有些恐慌，准爸爸需要陪孕妈妈适应待产室及产房环境。比如，将孕妈妈喜欢的毛绒玩具、常用的洗漱用品带到待产室，用温柔的语言、肯定的眼神、体贴的举止来表明你对她的爱意和鼓励，这些都有助于放松妻子的紧张情绪，减少产前忧虑。

　★　了解去医院的交通路线，并找一条备用路线，以便出现意外，可以尽快到达医院。同时，确认好分娩时的联系方式。

　★　把单位工作安排妥当，让上司和同事知道爱人的预产期。

　★　做好出院准备。布置清洁舒适的房间，检查孕妈妈和宝宝用品是否齐全，备足一切必需品及营养品。

　★　争取进产房，因为有了准爸爸的陪伴，孕妈妈会非常安心，这对产程顺利进行大有帮助。

胎教早知道

　　安排好住院期间的看护工作，比如谁负责陪护、谁负责营养、谁负责照看宝宝，这样事先分配好了，才不会搞得忙手忙脚。

主　　编：鲁艳明

编　者：曾精卫　史　丹　郭桂珍　许政芳　王　佳　崔　磊　魏　晨　张　恒　李华艳
　　　　徐　苗　张巍耀　史春凤　史春生　曾宪庭　徐　述　廖为兰　于　洋　杨国利
　　　　张长林　刘丽安　孙　鹏　杨　博　孟　蝶　杜　远

图片制作：肖　艳　吕巧玲　董银红　贾翔南　李　爽　郎嘉彬　苏　娜　刘继才　徐　琼

图书在版编目（CIP）数据

完美胎教40周 / 鲁艳明主编. —沈阳：辽宁科学技术出版社，2012.8

ISBN 978-7-5381-7571-4

Ⅰ.①完…　Ⅱ.①鲁…　Ⅲ.①胎教—基本知识　Ⅳ.①G61

中国版本图书馆CIP数据核字（2012）第150481号

出版发行：辽宁科学技术出版社
　　　　　（地址：沈阳市和平区十一纬路29号　邮编：110003）
印 刷 者：沈阳天择彩色广告印刷有限公司
经 销 者：各地新华书店
幅面尺寸：190mm×210mm
印　　张：12
字　　数：350千字
出版时间：2012年8月第1版
印刷时间：2012年8月第1次印刷
责任编辑：陈　刚　郭敬斌
封面设计：黑米粒书装
版式设计：袁　舒
责任校对：李淑敏

书　　号：ISBN 978-7-5381-7571-4
定　　价：39.80元（赠光盘）

联系电话：024-23280336
邮购热线：024-23284502
E-mail:cyclonechen@126.com
http://www.lnkj.com.cn
本书网址：www.lnkj.cn/uri.sh/7571